KB081909

다크 히어로의 탄생

일러두기

1 단행본은 『 』로, 영화 제목 등은 〈 〉로 표시하였다.
2 본문의 주는 모두 편집자주다.

다크 히어로의

어느 날 내 인생에 정세균이 들어왔다

우석훈 지음

탄생

오픈하우스

들어가는 말

가끔 되고 싶은 것도 없고 하고 싶은 것도 없다고 친구들에게 이야기한다. 친구들은 그렇게 의욕이 없어서 이 풍진 세상 어떻게 사느냐고 걱정한다. 그렇지만 이 이야기는 진짜다. 더 높은 자리에 가고 싶은 마음도, 세상에서 꼭 이루어보고 싶은 것도 없다. 내가 원했던 것들은 대부분 이루어졌다. 세 끼 먹고 사는 데 불편함이 없으면 좋겠다는 것이 박사학위를 마치고 가졌던 첫 번째 희망이었는데, 여덟 살, 열 살 두 아이를 키우면서 밥 먹을 걱정까지는 안 하고 산다. 세상이 조금 더 좋아졌으면 하는 작은 소망이 있는데, 이건 그야말로 소망 같은 것이다. 나 혼자 할 수 있는 게 아니다.

내가 마지막으로 강렬하게 가졌던 희망은 박근혜 시절, 정권이 바뀌었으면 하는 것이었다. 그 희망은 이미 이루어졌다. 내가 가진 모든 것을 던져서, 내가 할 수 있는 노력을 아끼지 않았다. 본의 아니게 학자로서 많은 선거를 치렀고, 정책총괄 같은 것도 여러 번 했다. 그렇지만 정당의 공식 조직에서는 일을 했어도, 개별 후보의 선거캠프에 들어간 적은 없다. 지금까지 그랬듯이 앞으로도 그럴 것이다. 정당에서 일하는 것과 캠프에서 일하는 것 사이에 근본적인 차이가 있을까? 나는 있다고 생각한다. 공식 조직에서 공식적인 일을 하는 것은 내가 지켜온 삶과 크게 충돌하지 않지만, 개인 캠프에서 일하는 것은 내가 할 수 없는 일이다. 가장 큰 차이는 캠프는 정당의 공식 후보가 되기 전, 같은 정당의 후보들끼리 경선을 치를 때쯤 구성된다. 나는 그 일에는 관여하지 않는다. 오래전, 내가 나와 한 약속이다. 살면서 나와 한 약속을 어겨본 적이 별로 없다.

2016년 여름 어느 날이었다. 당대표는 그만두고, 아직 후보는 아니었던 자연인 문재인과 마포의 어느 한정식 집에서 소주 한 잔 마신 적이 있었다. 그날, 그가 예비 캠프 정책총괄 비슷한 일을 해달라고 부탁했다. 그 전에 따로 언질을 받은 적이 없어서 '어렵다'고 했다. 그러면 보고서 같은 거라도 생각나는 대로 보내줄 수 있느냐고 했다. 그건 해드릴 수 있다고 했다. 이후 촛불집회가 벌어졌고, 대통령은 탄핵되었다. 총리였던 황교안이 권한대행을 하는 순간까지, 내가 바라보는 경제의 향후 동향 같은 것에 대해 개인적인 의견을 정리해서 보내주고는 했다. 대선 마지막 날, 마지막 보고서를 보냈다.

그날, 식당에서 나오면서 아마 내 인생에서 문재인을 보는 마지막 날일지도 모른다는 생각이 얼핏 들었다. 문재인에게도 오래된 가신 같은 측근이 있다. 문재인의 제안을 받아들이지 않은 나에 대해 그들이 매우 화를 낼 것 같다는 생각이 들었다. 실제로 그렇게 되었다. 그러나

나는 뭔가 하려고 민주당을 돕고, 문재인 후보를 도왔던 게 아니다. 나는 정권이 바뀌는 것을 정말 내 일처럼 원했을 뿐이다.

가끔 그 순간을 되돌아본다. 또 다시 같은 상황이 닥쳐도 나는 같은 선택을 내렸을 것이다. 내 인생에서 가장 뜨거웠던 2년을 지나며 내게 남은 것은 정세균과의 우정이다. 일주일에 몇 번을 보았고, 몇 달 동안은 매일 만났다. 가장 친한 친구도 1년에 몇 번 볼까 말까인데, 거의 매일 만났던 기간 동안 이런저런 정이 들지 않았다면 이상한 일이다.

그 뜨거웠던 2년을 이야기하려고 한다.

차례

3장. 다크 히어로의 탄생

4장. 좀 더 모던한 한국을 위한 잔소리

그렇게 나의 뜨거웠던 2년의 기승전결의 발단이
끝이 났다. 나는 대부분의 시간을 대충대충 살았다.
분명히 더 할 수 있었는데도 무리하게 되거나
감당할 수 없는 일이 벌어질 것 같으면 중간에 멈추었다.
아마도 처음이자 인생의 마지막이 될, 내가 할 수 있는
것보다 더 해본 일, 내가 하고 싶지 않아도 한 일.
그 2년의 시간이 그렇게 시작되었다.

1장

나랑
세계 일주나
갑시다

노회찬의 죽음

내 삶에서 가장 친했던, 그야말로 내 인생의 친구는 민주노동당의 영원한 정책실장으로 불리는 이재영①이다. 2012년 대선을 앞두고 암으로 세상을 떠난 사람. 진보정

①————

대한민국의 사회운동가, 정치인. 1968년 서울에서 출생하였다. 1980년 대 말, 서울과 영남 등지에서 노동운동을 진행했고, 1989-1990년까지 '사회주의자 그룹'의 대외협력 활동을 맡았다. 1991년 인민노련 선배인 노회찬, 주대환 등이 주도한 '한국사회주의노동당 창당준비위원회'에서 활동했다. 민중당 경기도당 정책국장, 진보정당추진위원회 정책국장, 진보정치연합 정책국장, 국민승리21 정책국장, 민주노동당 정책실장을 역임했다. 대형마트 규제, 상가 및 주택임대차보호법, 복지 확대를 위한 조세개혁, 신용카드 수수료 인하 등 민생정책을 주도했다. 2006년 민주노동당 계파 갈등 속에서 NLPDR 계열(민족해방민중민주주의혁명National Liberation People's Democracy Revolution을 주장한 NDR 계파, 이를 약자로 NLPDR이라고 불렀다). 대한민국의 식민지성을 인정하며 한국 사회를 반식민반자본주의사회로 보았다.)의 이용대가 정책위의장이 되면서 정책실장을 그만두었다. 이후 인터넷 매체《레디앙》기획위원으로 활동했다. 2008년 진보신당 창당발기인에 참여했고, 2010년 진보신당 조승수 대표가 취임하면서 진보신당 정책위의장을 역임했다. 2011년 대장암 진단을 받아 사퇴했고, 2012년 12월 12일 사망했다. 노회찬은 그의 45년의 짧은 삶을 이렇게 추모했다. "그대의 한평생은 한국 진보정당 운동 역사 그 자체였다."

당 운동의 위기 순간에 이재영과 함께 상근했던 또 다른 친구는 노회찬이다. 그도 죽었다. 이재영과 같이 민주노동당을 꾸리면서 주로 조직을 맡았던 친구는 오재영이다. 그도 죽었다.

이재영과 노회찬은 '인민노련'이라는 인천 지역의 노동자단체 출신이다. 출신학교는 물론 학번, 나이를 따지지 않는 그들에게서 진정한 진보의 모습을 볼 수 있었다. 머릿속으로는 학벌과 학번을 부정하지만, 운동권들은 여전히 끼리끼리 지냈다. 같은 학교, 심지어 학번까지도 칼 같이 따졌다. 그 정도가 아니다. 출신 동아리도 따졌다. 정말 소주병으로 머리 한 대 때려주고 싶어진다. 더 윗세대로 올라가면 심지어는 고등학교도 따진다. 노회찬의 경기고 얘기는 노회찬에게는 들은 적이 없고, 다른 할아버지들에게 들었다. 그러나 이재영과 노회찬은 달랐다. 그들과 친구처럼 지내며 나는 늘 명랑하게 살기 위해 노력하는 삶의 자세와 학교와 나이를 생각하지 않는 태도를 배웠다.

내가 노회찬을 만난 것은 2003년 에너지관리공단을 퇴사하고 책을 준비하던 시절이었다. 당시 노회찬은 민주노동당 사무총장이었다. 그렇다고 특별히 한 일은 없다. 술 마시고 노는 게 전부였다. 2004년 총선에서 민주노동당이 처음으로 원내 진출에 성공했다. 나는 총선에서 환경과 농업 분야를 돕다가 선거 막바지로 가면서 전체 공약을 조율하는 일까지 맡게 되었다. 알다시피 진보 쪽에는 경제학자가 매우 드물다. 그 선거에서 노회찬과 심상정이 국회의원이 되었다.

그때 참 많은 말을 만들어냈다. '탈핵'이라는 말을 만들고 유행시켰던 것도 그 총선이었다. 그전까지는 모두가 '반핵'이라고 불렸는데, 공당公黨으로서 국회에서 진짜로 정책을 만들려면 반대만 해서는 곤란하다는 의미에서 '탈핵'이라는 표현을 썼다. 나중에 정부 정책으로 자리 잡은 '환경성 질환'도 당시 민주노동당 공약을 만들면서 만든 말이다. 그 전에는 '공해병'이라고 했다. 공해병이 너무 좁고, 보상방식도 거의 없다는 점에서 의심 있는 상태에서도 정책이 움직일 수 있어야 한다고 보았다. 그래서 '환경성 질환'이라는 말을 만들었다.

노회찬의 개인 선거를 도운 것은 오세훈이 당선된 2006년 서울시장 선거였다. 노회찬 후원회장을 내가 맡았다. 그 선거에서 조직 총괄을 맡은 사람이 또 다른 재영 친구, 오재영이었다. 그 선거가 끝나고 노회찬 후원회장을 맡은 사람이 조국, 바로 그 조국이다.

이재영, 오재영이 죽고 노회찬도 죽었다. 노회찬이

죽고 내 삶은 많이 바뀌었다. 일부러라도 더 많이 웃고, 주변 사람들을 좀 더 살피게 되었다.

"경제학자. 두 아이의 아빠. 성격은 못됐고 말은 까칠하다. 늘 명랑하고 싶어 하지만 그마저도 잘 안 된다. 욕심과 의무감 대신 재미와 즐거움, 그리고 보람으로 살아가는 경제를 기다린다."

내 책의 저자 소개에 사용하는 짧은 소개글이다. 데뷔 시절부터 썼던, 이것저것 붙어 있는 약력을 싹 갈아엎고 2016년부터는 매우 간단하게 나를 소개하고 있다. 내가 생각하는 나는 아주 못됐고, 말도 정말 까칠하게 한다. 실제로 그렇다. 남들이 맞는다고 해도 내가 아니라고 생각하면 '아니오'라고 말한다. 남들이 모두 덕담하는 자리에서도 그냥 내가 필요하다고 생각하는 말만 한다. 그렇게 살아왔다.

그런데 노회찬이 떠나고 나서 사람들을 대하는 자세가 조금 변한 것 같다. 한국에서 진보로 살아가는 사람들은 경제적으로도 어렵고, 삶 자체가 외로운 경우가 많다. 그렇다고 큰 영광을 누리는 것도 아니다. 큰일이든, 의로운 일이든, 결국 사람이 하는 일이다. 나는 그걸 노회찬이 떠난 다음에야 알게 되었다. 노회찬이 살뜰하게 나의 안부를 묻고, 이것저것 신경 썼던 시간이 생각났다. 나는 그에게 그렇게까지 살뜰하지 못했다. 우리는 왜 사람이 떠나고 나서야 뒤늦게 후회하는 것일까?

노회찬이 떠나고 나서 뜨거운 시간을 보냈던 사람들을 뒤늦게 살펴보게 되었다. 노회찬 만큼이나, 아니 그보다 긴 시간을 같이 보낸 사람이 정세균이다. 언젠가 그가 은퇴하면 그와 지낸 시간과 그가 살아온 삶을 정리할 생각이었다. 그런데 이 양반이 도무지 은퇴를 안 한다. 그가 마치 빚쟁이처럼 예전에 써준다던 책을 써달라고 한다. 살아온 시간의 무게가 있다.

'이상한 나라의 인민노련'이라는 제목으로 이재영과 노회찬에 대해 쓰려고 준비했던 적이 있다. 나는 인민노련 출신이 아니었는데도 많은 인민노련 사람들이 이런저런 이야기를 들려주었다. 그 지하조직 출신들의 삶은 춥고 외로웠다.

그래서일까. 노회찬의 책을 내지 못한 게 후회스럽다. 이재영이 지하 조직을 확장하기 위해 각종 비밀 문서들이 담긴 하드 디스크 하나 달랑 들고 경주역에 도착했던 순간부터는 들었는데, 거기까지만 말하고 이재영이 암으로 쓰러지고 말았다. 나는 왜 부지런히 이재영의 기억을 추려내지 못했을까. 나는 왜 노회찬이 인민노련 조직부장 시절에 어떤 일이 벌어졌는지를 자세히 듣지 못했을까. 이제 그 시절을 기억하는 사람은 조승수 정도다. 그렇다고 음주운전 사건으로 정치 복귀가 어려워진 그에게 인민노련의 기억을 억지로 끄집어내는 건 인간적으로 미안한 일이다.

사회운동이든 정치든 혹은 어떤 일도 사람이 하는 일 아니겠는가? 지금이 아니면 정세균 책을 쓸 기회가 없을 것 같아서, 좀 구질구질하더라도 친구들에 대해 이야기하려고 한다. 물론 모두 반대했다. 정치인 이야기를 왜 하느냐는 것이 가장 큰 이유이고, 정세균은 인기 없어서 안 된다는 게 두 번째 이유다. 그렇기는 하다. 하지만 마음먹었을 때 쓰지 않으면 나도 바쁘고, 정세균도 바쁘고, 결국 언젠가 상갓집에서 지난 일을 후회할 것만 같다.

정세균이 책이 팔리지 않을 거라고 걱정하며 원고료를 준다고 했다. 친구끼리 돈 받고 글 쓰는 법도 있느냐고 대답했다. 나는 돈 받고 글 쓰는 사람이 아니다. 저자로서, 충분히 남길 만한 가치가 있는 내용이 아니면 펜을 들지 않는다. 독자들의 귀한 시간을 함부로 낭비하고 싶지 않다.

두 명의 친구를 생각한다. 노회찬의 삶이 값진 것이라면 정세균의 삶도 대중적 인기와 상관없이 그만큼 값진 삶이다. 화전민 가정에서 학교에도 가지 못하고 농사를 거들던 어린이가 살아온 찬란했던 인생 이야기는 분명 시간을 들여서 읽을 가치가 있다. 그가 60대였고, 나도 아직 40대였던, 힘이 넘쳤던 시절의 이야기다.

나랑 세계 일주나
갑시다

2015년 더운 여름날이었다.

- 우 박사, 정 안 되면 나중에 둘이 세계 일주나 가자고.

정세균이 나에게 말했다. 박근혜 시절, 민주당이 야당이었던 때다. 집 근처 실내 포장마차에서 정세균과 술 한잔하며 정권교체를 이야기하다가 자연스럽게 '정권이 바뀌면 무엇을 하고 싶은가'로 대화가 흘렀다. 당시 나는 민주연구원 부원장이었다. 부원장 임기를 마치면 다시는 나를 부르지도 도와달라는 얘기도 하지 않으면 고맙겠다고 말했다. 진심이었다.

원래 정세균은 체질상 술을 안 마신다. 오랜 기간 친구처럼 지낸 또 다른 사람이 현대자동차 사장을 지낸 이계안이다. 딱 한 번 정치인과 인터뷰집을 냈는데, 그게 '진보를 꿈꾸는 CEO'라는 제목의 이계안 인터뷰집이었다. 이 양반도 술을 마시지 않는다. 마시거나 말거나, 나만 혼자 술 마시는 자리가 이젠 익숙하다.

그날, 정세균은 맥주 두 병을 마셨다. 될지 안 될지 모르지만 최선을 다하고, 안 되면 자기와 세계 일주나 가자고 했다. 나는 크게 웃었다. 설마 재미없게 이 양반과 둘이서 세계여행을 갈 일이 있겠어, 라는 생각을 잠시 했다. 하지만 정말로 '열심히 해보자'는 말이 진심인 것은 느꼈다.

야당 시절, MB에 이어 박근혜의 두 번째 집권이 절정으로 치닫던 무렵, 반대편에 있던 민주당은 어수선하고 방향성이 없었다. 새정치민주연합. 민주당과 안철수의 새정치연합이 합당해 만들어진 어정쩡한 이름 그대로였다. '새 정치'가 뭔지는 모르겠고, 민주는 서로 싸우느라 바빴다. 그 시절, 정세균은 정계 은퇴라는 위태로운 살얼음판을 걷고 있었다. 그때는 그가 국회의장을 할지, 총리를 할지 생각하는 사람이 없었다. 그저 하루하루 버텨내기도 버거운 지경이었다. 당대표를 두 번이나 했다지만, 야당 시절이 거듭되자 남은 게 없어 보였다. 전화 한 번이면 해결되는 과거의 영광은 요원해 보였다. 그는 나와 함께 경제 자료를 보고, 토론하고, 또 보고, 또 토론하는 시절을 보내고 있었다. 사람들은 이제 정세균은 '끈 떨어진 갓'이니 그만 놀라고 했다. 대신 문재인을 한 번이라도 더 만나라고 충고했다.

정권교체가 되면 뭐라도 생길 것 같지만, 그 시절에는 모든 게 난망해 보였다. 최선을 다해 노력하고, 정 안 되면 세계 일주나 하자는 얘기를 듣고 웃음이 나오긴 했다. 캠프, 아니 캠프 근처에서 한 손이라도 거든 사람들이 기관장 아니면 상근감사라도 가는 게 현실이다. 반대로 지면 아무것도 없다. 특히 맨 앞에 나선 사람들은 정권에 밉보여서 삶이 매우 빡빡해진다. 세계 일주라…… 정세균은 심각하게 얘기했지만, 나는 웃고 말았다. 그냥 마음으로 뭔가 거래하는 거라는 생각이 들었다. 그렇게 얘기하지 않더라도 나는 MB에서 박근혜로 이어지는 그 시절이 너무 힘들고 싫었다.

그날 이후, 나와 정세균은 누가 누구의 부하라는 관계가 아닌, 같은 뜻을 위해 최선을 다하는 친구가 되었다. 우정 하나만 믿고 살아온 나이 많은 세 친구 중 한 명은 세상에 없다. 어쩌면 정세균은 나보다 오래 살지도 모른다. 나는 그렇게 건강하고 무병장수할 스타일이 아니다. 그래도 나에게 주어진 시간만큼은 밝고 즐겁게 살고 싶다.

정세균은 나에게 정치를 같이하자고 늘 얘기한다.

어쩔 수 없이 할 뻔한 순간도 있었다. 하지만 나는 내가 잘 안다. 언젠가 시인은 중요한 사건에 앞자리를 차지하고, 소설가는 맨 뒷자리에 선다는 얘기를 들은 적이 있다. 87년 6월항쟁 때 그랬다는 것이다. 피가 뜨겁고 말하기 좋아하는 사람과 뒤에서 관찰하는 것을 좋아하는 사람 사이의 기질 차이를 말하는 거라고 생각했다.

내가 〈100분 토론〉을 비롯해서 한국의 주요 토론 방송에 처음 나간 건 2005년부터였다. 지금도 가끔씩 그런 방송에 나가니까 15년이 넘는 시간을 주요 논쟁의 맨 앞에 서 있었던 셈이다. 그사이에 방송을 진행해달라는 부탁도 많이 받았고, 실제로 몇몇 경제 방송을 진행했다. 그런 일이 너무 싫지만, 시민운동의 연장선에 있다고 여겨서 참고 나가는 편이다. 될 수 있으면 안 나가고 싶고, 다시는 부르지 말라고 담당자들에게 싫은 티도 낸다. 무엇보다 나는 사진 찍히는 것을 싫어하고, 사람들이 알아보는 것도 싫어한다. 기질이 그렇다. 나는 뒤에 있는 게 좋다. 아무도 알아보지 못하는 게 좋다. 사람들 앞에 서는 걸 한 번이라도 줄이기 위해 어쩔 수 없는 경우가 아니면 방송에는 나가지 않으려고 한다.

이런 나와는 정반대인 사람도 있다. 많은 사람들이 알 만한 사람으로는 표창원이 나와 반대 스타일이다. 그는 카메라 앞에 서면 엔도르핀이 도는 것 같다. 그가 마이크를 잡으면 눈빛과 표정이 확 살아난다. 방금 전에 피곤한 기색은 어디 갔나 싶을 정도로 그는 그 상황을 즐긴다. 정치나 방송은 그런 사람이 해야 한다. 이것은 좋고 나쁘고의 문제가 아니다. 스타일이 다른 것이다.

정세균은 앞에 서는 걸 좋아하지만 정말이지 말을 재미없게 한다. 나와 거의 매일 보아야 했던 시절에는 마이크 잡고 3분 이상 말하지 못하게 했다. 그래야 듣는 사람들이 편하다. 말을 길고 지루하게 하면 사람들만 피곤하다.

그가 국회의장이 되고 나서부터는 가끔 밥이나 먹는 사이가 되었다. TV로 보니 다시 말이 길어졌다. 망했다고 생각했다. 그는 다른 사람의 말을 잘 듣는 스타일이지만, 가끔씩 재미없는 얘기를 길게 하는 바람에 장점을 깎아먹는 단점이 있다. 빵빵 터트리며 사람들을 웃기는 스타일 아니라면 말은 짧게 하는 게 낫다. 불행히도 환갑 넘은 한국의 엘리트 남자들에게는 주위에서 그런 조언을 해주는 사람이 없는 것 같다.

3

조국과의 식사

정세균이 술에 취한 그날 저녁 전까지 나에게도 복잡다단한 스토리가 있다. 2012년 대선을 한 달 정도 앞두고 '문재인-안철수 단일화'가 안철수의 전격적인 후보직 사퇴로 생난리가 나면서 끝이 났다. 그 과정에서 민주당 공동 선대위원장들이 일괄 사퇴하면서 대선은 코앞인데 지도부 공백이 생겼다.

그 시점에 조국에게 연락이 와서 인사동에서 저녁을 먹었다. 나는 정말 아무 생각 없이 오랜만에 소주 한 잔 기분 좋게 마셨다. 그런데 그 자리에서 조국이 '국민연대'라는 이름의 선거대책본부를 만들 텐데 자기와 공동대표를 맡아 달라고 했다. 아이고, 이건 또 뭐야!

정말 별 생각 없이 조국이 노회찬을 도와준 데 대해 마음의 빚을 갚는다는 의미로 가볍게 식사 자리에 나갔다가 곤란한 상황에 빠지게 되었다. 뒤늦게 태어난 큰 아이가 막 100일 지났을 때다.

아내는 불같이 화를 냈다. 그전에도 민주당에서 여러 경로로 선거를 도와달라고 했지만 못 들은 척했다. 아내는 선대위원장이나 공동대표 같은 높은 자리를 준다니까 하는 거냐며 "이런 양아치 같은 새끼"라며 심하게 역정을 냈다. 할 말이 없었다. 내가 왜 해야 하는지, 이 일로 무엇을 원하는 건지 설명하기 어려웠다.

다른 사람들도 그랬겠지만, 나도 MB 시절이 너무너무 힘들었다. 우여곡절 끝에 조국과 같이 공동대표를 맡아 2012년 대선을 치렀다. 그야말로 폭풍 같은 한 달이었다. 정말 많은 사람을 만났고, 도와달라고 머리를 숙였다.

선거 마지막 날, 그때도 캠페인 기획은 탁현민이 맡았는데, 그야말로 사람 어렵게 만드는 일정을 짜놓았다. 이른바 '경부선 유세'라는 이름으로, 문재인 후보가 KTX를 타고 내려가며 유세를 했고, 나와 몇 사람은 후보와 엇갈리게 내려가서 직전에 연설하는 기획이었다. 나는 천안역, 대구역에서 연설을 했고, 마지막은 부산역에서 하기로 했다. 그런데 중간에 동선이 꼬이는 바람에 부산에서는 후보가 먼저 연설을 하게 되었다. 그해 겨울, 부산역 광장에는 바람이 정말 세찼다. 원래는 후보 연설을 끝으로 공식 선거 일정이 끝나는데 갑자기 후보가 나에게 연설을 하라면서 마무리했다. 엉겁결에 부산역 광장에서 선거의 마지막 연설을 하게 되었다. 당황해서 무슨 얘기를 하고 내려왔는지 기억이 나지 않을 정도다.

그렇게 선거는 끝났고, 다음날 나는 택배로 받아놓고 열어보지도 못했던 큰아이 유모차를 조립했다. 선거는 졌다. 나는 일상으로 돌아갔다. 모두들 너무너무 추운 겨울을 보냈다.

안철수는 미국으로 떠났고, 문재인은 아무 말이 없었다. 아무리 힘들어도 낙선사례는 해야 하는 거라며 그쪽 사람들에게 한마디 했다. 며칠 후, 문재인과 식사를 하게 되었다. 나한테 밥을 사라는 얘기는 아니고, 다음 기회를 위해 졌어도 도와준 사람들에게 고맙다는 얘기 정도는 해야 하는 거 아니냐고 얘기한 건데…… 나중에 생각한 것이지만, 그래도 문재인은 선거 후 고통스러운 겨울을 같이 보냈건만, 몇몇 정치인들은 충격을 이기지 못하고 해외로 출국했다. 힘들 때 함께 고통스러워하는 게 지도자다. 그런 생각을 그 겨울에 했던 것 같다.

그때 대선을 준비하기 위해 여러 시민단체가 공동으로 '내가 꿈꾸는 나라'라는 단체를 만들었다. 수많은 시민운동 지도자들이 이 단체를 통해 국회의원이 되었다. 조국이 학교로 돌아가며 공동대표 자리를 나에게 넘겼다. 그와는 그렇게 떼려야 떼기 어려운 공동운명체가 되어버렸다.

그 겨울 내내 길고양이들과 막 태어난 아이를 돌보며 지냈다. 결혼이 많이 늦은 것은 아니었는데 아이가 늦게 태어났다. 9년 만에 큰아이가 태어나고, 다음 해에 둘째가 태어났다. 둘째는 태어났을 때 숨을 제대로 못 쉬었다. 병원에서 응급조치를 한 끝에 살아났다. 가슴을 크게 쓸어내렸다.

박근혜의 시대가 깊어가고 있었다.

4

신경 쓰지 마쇼,
우린 술이나 마실 테니

내가 민주당을 돕던 시절, 정세균과 함께 내가 진행했던 경제 수업에 개근했던 또 다른 인물이 있다. 원혜영. 매우 복잡 미묘한 캐릭터에 웃지 않을 수 없는 수많은 에피소드를 보유한 인물이다. 원혜영에게 호가 필요하다면 '개털'이라고 붙여주고 싶다. 풀무원 창립자라고 하지만 진짜 인생 개털에 가깝다.

아내가 나에게 욕할 때 제일 많이 하는 말이 "너희들이 차 마시며 혁명을 꿈꾸었으면 세상이 지금보다는 나았을 거야"이다. 술 마실 때 중요한 결정을 하는 오랜 습관 때문에 나도 영 스타일이 올드해졌다. 하기 싫은 일이라 술 핑계를 대는 건지도 모른다. 하여간 내 주변에서는 "우석훈은 소주만 사주면 뭐든 한다." 그렇게 소문이 났다.

2014년 초 어느 날이었던 것 같다.

- 우 박사. 우리는 집 앞 실내 포장마차인데, 신경 쓰지

마쇼. 우린 그냥 여기서 술이나 마실 테니까. 반가워서 그냥 인사차…….

저녁식사 후 잠시 쉬고 있는데 원혜영으로부터 전화가 왔다. 보좌관들과 동네에서 술 마시다가 그냥 인사차 전화한 거니 신경 쓰지 말라는 거다. 그날 아이를 봐야 한다고 집에 있었다면 지금 내 인생은 한결 낭만적이고 유쾌하고 내실 있는 삶이 되었을 것이다. 그래도 원혜영인데 어떻게 모른 척해. 이런 생각이 들었다. 그 잠깐의 판단 미스 때문에 완전히 망하는 길로 가고 말았다.

기후변화협약에 대한 대응으로 대중교통 활성화에 관한 연구를 했고, MB 시절 버스준공영제에 맞서 완전공영제 논쟁을 했던 적이 있었다. 부분적인 무료 셔틀, 청소년과 청년에 대한 교통비 지원에 관한 연구도 했다. 경기도지사 선거를 준비하던 원혜영 쪽에서 그 시절 자료를 보고 연락을 해온 것이다. 그 선거에서 원혜영은 당내 경선에서 탈락했다. 당연히 본선에는 나가보지도 못했다. 그 선거에서 개인적으로 딱히 원혜영을 도운 것도 없고, 국회토론회에 몇 번 참여한 게 전부다. 조폭 영화에 가끔 "그냥 침만 뱉었어요"라는 대사가 나온다. "네가 침 좀 뱉었다며?" 이런 질문에 진짜로 침만 뱉었다는 건 싸우는 건 할 줄 모른다는 의미다. 그 대사처럼, 그 시절 원혜영과는 그냥 술만 마셨다.

그해 4월 16일, 세월호가 침몰했다. 슬펐다. 그해 초에 『불황 10년』이라는 책을 내고 잠시 쉬려던 참이었다. 하지만 세월호 이후 원혜영을 자주 만나게 되었고, 예전에 잠시 했던 항해 연구의 연장선으로 『내릴 수 없는 배』라는 세월호 사건을 나름대로 조사한 책을 냈다. 교육부에서 각 지역 교육청으로 유람선 수학여행을 권유한다고 보낸 공문을 추적하는 과정 등에서 원혜영 의원실로부터 많은 도움을 받았다.

『88만원 세대』가 그랬듯이 『내릴 수 없는 배』도 일본어로 출간되었다. 그렇다고 기쁘지 않았다. 세월호는 한국 사회의 지성을 강타했다. 도대체 왜 어린 학생들이 그렇게 죽어야 했는가, 많은 사람들이 자기가 서 있는 자리에서 뭐라도 보태고 싶은 마음을 갖게 했던 것 같다.

세월호는 박근혜 정권만 흔든 게 아니라 민주당도 흔들었다. 그해 8월에 당 지도부가 총사퇴하면서 비상대책위원회가 꾸려졌다. 당시 원내대표였던 박영선이 비대위원장을 맡았다. 그해 가을, 원혜영 쪽에서 추천해서 민주연구원 부원장을 맡았다. 아마 세월호가 아니었다면 내가 민주당 당직을 맡는 일이 벌어지지는 않았을 것이다. 고민이 컸다. 주변에서도 말렸다. 당에 들어가 뭐라도 정책을 만들어야 한다고 조언했던 사람들 중 조국이 있었다. 박영선을 처음 만난 것은 아니었지만, 그와 진지하게 앉아서 미래를 얘기한 것은 그때가 처음이었다.

세월호가 남긴 상처는 민주당 내부에도 컸다. 박영선은 세월호 유가족과 갈등이 생겼고, 결국 비대위원장을 사퇴했다. 그러다 보니 그다음 비대위원장인 문희상에게 임명장을 받았다. 교육평론가로 알고 지낸 이범과 임명장을 같이 받았다. 박영선은 비대위원장 시절 민병두를 민주연구원 원장으로 임명했고, 그가 추천한 부원장들을 다음 비대위원장이 임명한, 그야말로 격동의 시기였다.

그 시절 민주당 지지율은 15퍼센트 정도였고, 좀 낮게 나온 조사에서는 13.5퍼센트였다고 한다.

어, 마침
일정이 없네

정세균을 처음 만난 것은 2008년 여름, 그가 민주당 대표이던 시절이었다. 나는 민주당 대학생위원회가 주최한 강연에 섰다. 그 시절에는 청년들을 대상으로 종종 강의를 했었는데, 내가 받은 첫인상은 별 특별한 것은 없었다. 사람들은 정세균 욕을 많이 했었다. 욕심이 많다느니, 계파 꾸리는 것 말고는 하는 일이 없다느니, 전북의 패주霸主라느니…… 그런 얘기를 했었다. MB 정권이 막 시작되었고, 미국산 쇠고기 수입 문제로 촛불집회가 한참이던 시절이었다.

공교롭게도 그때 대학생 강연을 민주당 안에서 주도했던 학생이 나중에 내 수업에 들어왔다. 그 시절의 청년조직이 당에서 얼마나 힘들었는지, 그래서 결국 그만두고 나왔다는 후일담도 들었다. 마음이 아팠지만 내가 할 수 있는 게 많지 않았다. 아픔과 상처, 그런 말이 우리 시대 한국의 청년들이 부닥친 철옹성 같은 벽에 대해 위로가 될까? 누구도 위로할 수 없다고 생각한다.

민주연구원 부원장이 되고 나서 많은 사람들을 만났다. 그중에서도 가장 먼저 만난 사람이 나중에 국민의힘 부산시장 후보로 나온 이언주였다. 그가 새정치민주연합의 공식적인 청년위원장이었다. 아이고…… 헛힘을 썼다. 그 시절에는 너무 힘들다고 불평했었는데, 시간이 지나고 보니까 그래도 그 시절의 이언주는 그나마 나았음을 나중에 알았다. 그다음 청년위원장은 정호준이었다. 정대철의 아들, 아이고야! 정대철이 언제 적 인물인데, 이제 그 아들까지.

그렇게 질퍽질퍽한 시간을 보내다가 문재인 등 당의 주요 지도부를 대상으로 경제 강의를 시작하기로 마음을 먹었다. 그것 말고는 할 수 있는 게 없어 보였다. 아직 당대표 선거가 시작되기 전의 문재인을 맨 처음 만났다. 경제 강의를 꼭 듣고 싶다며 날짜를 받았다. 왜 하필이면 문재인을 제일 먼저 찾아갔느냐고 사람들은 묻는다. 그나마 당시 민주당에서 가장 잘 알고, 제일 많이 만난 사람은 2012년 대선을 함께 치른 문재인 밖에는 없었다. 내가 문재인이 영입한 사람이라고 소문났지만, 그것과 상관없이 원혜영이 추천하고, 당시 민주연구원 원장이었던 민병두가 추진한 일이었다.

날짜 하나를 문재인에게 받고 그다음 만난 사람이

정세균이었다. 당내 복잡한 사정은 몰랐고, 가장 먼저 차한 잔 나눌 시간을 잡아준 사람이 정세균이었다. 아침에만나기로 했는데, 이것저것 복잡하게 생각하는 타입이아니라서 시간 맞춰 그의 방으로 갔다.

초선 의원이던 문재인이 당대표에 나선다는 것은알고 있었지만 당 내부의 복잡한 사정까지는 알지 못했다. 그날은 다시 한 번 당대표에 도전하려고 했던 정세균이 출마를 내려놓은 날이었다. 얼굴은 웃고 있었지만, 그날이 지금까지 내가 정세균을 보아온 날 가운데 가장 어두운 날이었다. 직감적으로 그가 정계 은퇴를 준비하기시작했다는 느낌을 받았다.

그와 지내오며 내가 이해한 바로는 세 번의 정계 은퇴 위기가 있었다. 문재인에게 밀려서 당대표 선거에 나서지도 못하고 접으면서 은퇴를 고민했던 것으로 알고있다. 내가 차 한 잔 나눈 그날이었다. 또 한 번은 안철수등이 대거 탈당한 당 붕괴의 순간에 자신의 자리를 걸고당대표였던 문재인에게 방향 전환을 건의하려고 했던 이이야기는 세상에 별로 알려지지 않았다. 그리고 2016년총선, 종로 국회의원 선거에서 여론조사에서 오세훈에게 20퍼센트 이상 벌어진 때였다. 그때는 정말로 정세균주변에 아무도 없었다. 오세훈에게 지고, 이제는 어쩔 수 없이 정계 은퇴를 해야 하나 우려했던 순간이 지금도 생생하다.

　　- 우 박사, 내가 말이에요. 일정이 많은 사람이에요.

　　경제 강의에 대한 간단한 설명을 들은 뒤에 정세균이 수첩을 뒤적거렸다. 진짜 목이 타는 듯한 느낌이 들었다. 문재인 한 명만 놓고 경제를 강의하는 개인교사 스타일의 강의는 하고 싶지 않았다. 그건 명분도 없고 실익도 없는 일이다. 이 사람들이 뭔가 정책을 가지고 토론하고, 자기 의견을 밝히는 모습을 보고 싶었다.

　　- 어, 마침 그날 일정이 없네?

　　당직을 맡은 이후 처음으로 안도의 숨을 내쉬었다. 내가 들은 정세균은 '정세균파'라는 어마무시한 사람들을 이끌고, 야당 내 실세 중 실세이고, 매우 '다크하다'는 얘기였다. 그때만 해도 그와 그렇게 오랜 시간을 같이, 그리고 한동안 거의 매일 보면서 지낼 거라고는 생각하지 않았다.

　　- 우 박사, 대충 얘기를 들었겠지만 잠시 후 당대표 출마 포기 기자회견을 해요. 나는 이제 뭘 하면 좋을까요?

그의 수첩에는 수많은 일정들로 가득 차 있었지만, 당대표 출마를 포기하면 그런 일정이 아무 의미 없음을 그때야 알았다. 아마도 문재인이 무난하게 당대표가 되겠지만 선거에 나서지도 못하면 아무것도 챙길 수 없다는 것도 그때 알았다. 정당에서의 활동은 자신의 지역구 주민들과 만들어 나가는 지역에서의 일과 정당 내부의 역학관계에서 벌어지는 의정 활동으로 나누어 있다.

경제학자 가운데 존 스튜어트 밀이라는 고전학파 막내는 비경제학도들도 많이 인용하는 사람일 것이다. 『인구론』의 토머스 맬서스Thomas Malthus와 평생을 논쟁한 제임스 밀의 아들이다. 이웃집 아줌마를 짝사랑해서 아버지와 결별하고, 결국 그 아줌마의 남편이 사망한 다음에 진짜로 결혼한 순애보적인 사랑으로도 유명하다. 미국의 대학에 교수로 가면서 아내가 혁명가라는 이유로 입국을 거부당하자 자신도 입국하지 않고 캐나다로 같이 가서 정착한 칼 폴라니의 순애보적인 사랑과 더불어 양대 순애보로 유명하다. 존 스튜어트 밀은 그렇게 어렵게 결혼한 아내를 너무 사랑해서인지 여성도 투표해야 한다는 여성참정권을 지지한, 국회에서 첫 번째 연설을 한 국회의원으로 유명해졌다. 그가 첫 번째 국회의원으로 당선될 때 자기는 국회에서 전국을 대상으로 활동해야 해서 지역 활동을 할 수 없다는 편지를 지역주민에게 보냈다. 그리고 당선되었다. 하지만 그도 재선에는 실패했다. 지역구 활동은 하지 않겠다는 존 스튜어트 밀의 뜻이 한 번은 통했지만, 두 번은 통하지 않은 것 같다.

정치는 혼자 하는 게 아니어서 동료가 필요하고 인연이 필요하다. 한때 화려한 집을 지었지만, 그것들이 무너져내리는 모습을 정세균이 직감했던 것 같다.

– 대표님, 앞으로 저랑 경제 얘기나 하면서 노시죠.

정세균이 크게 웃었다. 그때 눈을 봤는데, 진짜로 눈도 웃었던 것 같다.

– 우 박사, 나는 뭔가 한다고 하면 정말로 해요. 우 박사랑 진짜 몇 년 같이 놀까? 그것도 좋죠.

정세균의 방을 나오면서 그게 진짜로 하는 말인지, 의례적인 인사인지 구분하기 힘들었다. 그 말이 진심이었다는 건, 그와 몇 년을 같이 보내면서 알게 되었다. 딱 한 번 해외 출장이 겹쳐서 강의에 오지 못한 것을 빼곤 그는 그 프로그램에 개근했다. 한참 당이 격변을 거칠 때에는 주요 인사 가운데 정세균과 원혜영, 두 명만 온 적도 있었다. 그리고 '유능한 경제정당 위원회'(유경위)라는 당내 조직을 만들어서 운영하던 시절에는 정말로 그와 매일 만나다시피 했다. 경복궁 근처 카페에서 아침에 만나기도 했고, 대학로 근처 설렁탕집에서 아침을 먹으며 만나기도 했다. 주말에는 그가 다니는 교회 앞 빵집에서 만나기도 했다.

그와 몇 년을 그렇게 지내다 보니까 나도 성격이 변한 것 같기도 하다. 어쩌면 그도 좀 변했을지도 모르겠다. 그렇게 몇 년간 매일 보다시피하고, 서로 하는 일이 섞이고 엮여서, 어디까지가 내 일이고, 어디부터가 정세균 일인지 모르는 시간을 보냈으니 말이다.

그가 수첩을 보면서 "앞으로 일정이 아무것도 없다"던 아침, 나도 그랬지만 그 역시 그의 삶에 대해서는 잘 몰랐던 것 같다. 그냥 조용히 지역구 국회의원으로서 동네만 살피면서 정계 은퇴를 준비하는 게 맞을지, 뭔가 아직도 할 수 있는 게 남아 있을지 나에게 물어보던 순간, 우리는 미래를 알지 못했다. 문재인과 안철수의 대결이 점점 극한으로 치닫던 순간의 새정치민주연합. 이 당이 대선에서 이기고 정권을 되찾을 것이라고 생각한 전문가는 거의 없었다.

지금 돌이켜 생각해보면 정세균과 지낸 시간 가운

데 결정적인 전환점은 그가 당대표 출마를 문재인에게 양보하고 포기한 순간, 그와 동네 술집에서 술을 마시던 순간, 그 두 번이었던 것 같다. 한 번은 내가 그에게 부탁했고, 또 한 번은 그가 나에게 부탁했다. 그래도 한 번은 술이 아니라 커피를 마시면서 중요한 순간을 겪었다. 내 인생은 절반만 커피향이고, 나머지는 침침하고 어두운 술 냄새였다. 한때 '2퍼센트 부족'이라는 표현이 유행했었다. 나는 2퍼센트 정도가 아니라 절반이 부족한 인생을 살아온 것 같다.

6

정세균,
인간적인
너무 인간적인

처음 정세균과 일을 시작한 후부터 지금까지 사람들로부터 좋은 애기를 들은 적이 없다. 나를 잘 모르는 사람들은 드디어 내가 한자리하는 거냐고 말하고, 나를 잘 아는 사람들은 그럴 여유 있으면 아이들이나 돌보라고 그런다. 책을 쓰기로 마음을 먹은 후에도 마찬가지여서, 그런 책을 대체 왜 쓰냐는 의견이 대부분이다. 꼭 써야 한다면 필명으로 쓰라고 조언해주는 이도 있다.

그동안 내가 뭘 한다고 했을 때 주변 사람들이 좋아해준 것은 총리실에 파견 근무를 가게 되었을 때였던 것 같다. 프랑스 유학도 반대했고, 현대그룹에 취직할 때도 교수는 안 할 거냐며 반대했다. 에너지관리공단으로 옮겨갈 때는 대기업 연봉을 포기하고 국가에 봉사할 일 있느냐며 반대했다. 책을 쓰겠다고 공단을 그만두자 드디어 내가 제대로 돌았다고 반대했다. 남들 하지 말라는 짓만 골라가면서 평생을 살아온 것 같다. 아버지는 서울대 국문학과에 입학 원서를 낸다고 하자 "네가 등록금 낼 거냐"며 반대하셨다. 그래서 사학과 계열로 선회하자 그것도 반대하셨다. 결국 국문과도 사학과도 가지 못하고 뭔지도 모르는 경제학과에 입학했다. 그날 이후 아버지는 내가 하는 모든 일에 반대하셨다. 그런 아버지와 마음속으로 화해하게 된 것은 박근혜 탄핵으로 나라가 절반으로 갈렸을 때 헌법재판소 앞에서 열린 태극기 집회에 아버지가 참석한 후였다. 친구들과 태극기 집회에 나가서야 '비로소 하고 싶은 것을 해서 마음이 편안해졌다'는 당신이 그동안 한국의 대표 빨갱이를 아들로 두셔서 얼마나 마음이 허하셨을까. 게다가 며느리는 새만금 간척사업 중단을 촉구하며 삭발을 하고, 새만금 둑방에 올라갔다가 경찰에 밀려서 바닷물에 빠졌던 환경운동연합 활동가 출신이다. 아버지가 얼마나 허한 마음으로 평생을 살아오셨을지 당신이 태극기 집회에 나가시고 나서야 이해되었다. 아직도 아버지에게 따뜻한 말 한마디 건네기가 어렵다. 그렇지만 나 혼자 마음속으로 화해했다. 비록 태극기 집회에 같이 나갈 수는 없지만 평생을 그런 마음으로 살아온 양반의 삶을 이해할 수 있을 것 같다.

– 내가 말이에요. 쌍용에 있을 때 처음으로 여름휴가라는 걸 갔어요. 갈까 말까 고민했는데 상사가 첫 휴가인데 가라더군요. 정말 꿀맛 같이 좋았어요. 내년이 총선이라 이래저래 바쁜 건 알지만 그래도 어떻게든 짬을 내어 여름휴가는 갔

다 오세요. 우 박사, 그렇게 처리할 수 있죠?

이른바 '유경위'라고 불리는 유능한 경제정당 위원회가 2014년 봄에 만들어졌다. 우여곡절 끝에 박사급 상근 연구자들에 파견직까지, 이래저래 열 명 남짓한 전문가들이 일하게 되었다. 여름은 다가왔는데, 위원회가 생긴 지도 얼마 안 되었는데 여름휴가를 갈 수 있을까, 뭔가 성과를 만들어야 월급 주는 사람 눈치를 안 볼 텐데…… 어느 직장에나 있는 소소한 대화를 나누던 순간이었다. 때마침 새로 단장한 사무실에 들른 정세균에게 여름휴가를 물었다. 사람들을 앉혀놓고 커피 한잔하며 짧게 했던 정세균의 연설 아닌 연설은 그동안 내가 들었던 정세균의 연설 가운데 가장 감동적인 연설이자 가장 인간적인 연설이었다. 그에게 쌍용 시절 이야기를 들은 것도 그때가 처음이었다.

아마도 사람들이 기억하는 정세균의 정치 행위로 역사에 남을 순간은 국회의장으로서 박근혜 탄핵소추안을 가결하며 의사봉을 내리쳤던 순간일 것이다.[2]

 - 대통령 박근혜 탄핵소추안은 가결되었음을 선포합니다.

정치인으로서 정세균이 수많은 연설을 했겠지만, 사람들이 기억하는 그의 목소리는 아마 저 한 문장이 아니었을까 싶다. 어쩌면 그의 목소리보다도 '땅땅땅'의 사봉 소리를 더 많이 기억할 것 같다. 정치인들은 수많은 말을 하지만 그 이야기는 빛의 속도로 기억에서 사라진다. 정세균이 했던 수많은 연설도 딱히 기억에 남는 게 없다. 다른 정치인들도 마찬가지다.

2002년 대선을 앞두고 '노사모(노무현을 사랑하는 모임)'에 가입했었다. 당시 전 국민일보 서영석 기자가 만든 정치웹진 서프라이즈(www.seoprise.com)에 익명으로 쓴 내 글이 '대문'에 걸렸을 때 박사학위를 받았을 때처럼 기뻤다. 민주당 후보에게 투표한 것도 그때가 처음이었다. 그 시절 내 가슴을 먹먹하게 만들었던 것은 "여러분, 혼자서 말을 하려고 하니까 말이 막혀서 잘 안 나옵니다"라고 시작하는 노무현의 공터 동영상이었다.③ 2021년 서울시 보궐선거에 박영선이 패배하고 나서 그 공터 동영

② ——————

2016년 12월 9일 오후 3시 박근혜 대통령 탄핵소추안이 국회 본회의에서 가결됐다. 3시 2분 정세균 국회의장의 개의 선언 및 의안 상정에 이어, 김관영 국민의당 원내수석부대표가 소추안 공동발의자 171명을 대표해 약 20분간 제안 설명을 했고, 곧이어 무기명 투표가 진행됐다. 오후 3시 54분, 정 의장은 '투표 종료'를 선언했다. 300명의 의원 가운데 299명이 투표에 참여했다. 개표 결과는 찬성 234표에 반대 56표, 기권 2표, 무효 7표였다. 오후 4시 10분, 정세균 의장은 탄핵소추안 가결을 선포했다.

상을 다시 보았다. 다시 마음이 먹먹해졌다. 짧지만 마음에 남는 연설, 모든 정치인의 꿈인지도 모른다. 물론 그런 건 아무 때나, 아무 맥락 없이 나오는 게 아니다. 상황이 만들고, 맥락이 만든다. 공터 동영상이 그렇다.

민주당에서 새로 영입한 박사급 연구원들에게 정세균이 "휴가를 다녀오라"며 남겼던 '꿀맛'이라는 말이 나에게는 오래 기억에 남는다. 그가 화전민 출신이라는 것은 알았다. 너무도 가난했던 어린 시절을 보내면서 힘들게 검정고시를 치러 대학에 진학했다는 사실도 알고 있었다. 쌍용그룹 상무로 일하다가 정치권으로 넘어오자마자 DJ 눈에 띈 얘기, 산업자원부 장관으로 일했던 시절의 후광 때문에 그가 귀족적인 삶을 살았을 거라는 이미지가 생겨났다. 정말로 가난했던 시절, 죽어라 일하지 않

③———

2000년 4월 부산 강서구 명지시장. 노무현은 아무도 없는 유세장에서 꿋꿋이 연설했다. "농부가 밭을 원망해서는 안 됩니다. 밭을 원망하는 농부는 되지 않겠습니다"라고 그는 말했다. 투표를 하루 앞두고 거리 유세에서는 이렇게 연설했다. "정말 힘들었습니다. 지역주의 벽이 이렇게 두터운 것인가에 좌절하고 주저앉고 싶었습니다. 그럴 때마다 노무현, 당신 선택은 옳다고, 이기든 지든 도와주겠다고 나서주신 분들이 있습니다. 분명한 것은 노무현 하나 국회의원을 만들기 위해 저와 여러분이 뛰고 있는 것은 아닙니다. 이 나라의 새로운 역사를 만들기 위해 똘똘 뭉치고 있는 것입니다." 부산 시민들은 낙선 인사를 다니는 노무현 의원의 손을 잡고 "미안하다"고 했고, 인터넷에서 사람들은 당선이 보장된 종로를 버리고 부산에 가서 다시 낙선한 그에게 '바보 노무현'이라는 별명을 붙여주었다.

으면 헤쳐나갈 수 없었던 시절을 그 역시 다른 사람과 마찬가지로 허덕이며 보냈다.

그 시절 경험이 부족했기 때문일까. 나는 작은 연구조직을 운영하면서 한두 차례 크게 화를 낸 적이 있다. 회의하다가 화가 나서 볼펜을 집어 던지고 나간 적도 있었다. 하지만 그날 정세균에게 '꿀맛 같은 첫 휴가' 얘기를 듣고 난 후 스스로를 돌아보았다. 우리는 군인이 아니다. 시대도 변하고 직장의 위상도 변했다. 그날 이후 직장인으로서, 그리고 임원으로서 쌍용에서의 일을 정세균으로부터 몇 번 더 들을 기회가 있었다. 적어도 민주주의 측면에서는 정세균이 나보다 더 민주주의적 인간이라는 생각이 들었다. 조직을 대하는 정세균의 자세를 보면서 혹시라도 있을지 모르는 '카리스마'라는 단어를 내 인생에서 지웠다.

사실 그 시절의 정세균은 아무런 당직도 맡지 않고 나와 함께 만든 '유능한 경제정당 위원회' 공동위원장이라는, 힘도 없고 정치적으로 아무 영향력 없는 한직을 운영하고 있을 때였다. 나중에 공정거래위원장과 우석대 총장을 역임한 경제학자 강철규가 공동으로 위원장을 맡았다. 정세균이 당대표를 지내며 따라다녔던 수많은 음습한 소문과 실제로 내가 본 모습은 달랐다.

그때 느꼈던 몇 가지 감동적인 장면들이 안겨준 감정을 바탕으로 『민주주의는 회사 문 앞에서 멈춘다』(한겨레출판)라는 직장 민주주의에 관한 책을 썼다.④ 좀 더 평등하고 민주적인 조직, 경제학의 조직론에서 그런 수평적인 조직으로 전환하는 것이 필요하다는 것을 배워서만 알고 있었다.

④

대한항공 조현민의 물컵 투척 사건부터 양진호의 직원 폭력까지, 한국 사회에 만연한 '직장 갑질'을 들여다본 책. 군대식 문화에 뿌리를 둔 직장 갑질을 타개할 대안은 팀장과 젠더, 오너 등 세 가지 차원에서의 민주주의 실현이라고 진단한다.

7

안철수에서
김한길까지

민주당 지도부를 중심으로 경제를 강의하겠다는 생각을 했을 때 거의 모든 당직자들이 반대했다. 저마다 하나의 계파인 사람들을 한자리에 모으기란 애당초 불가능한 일이니 생각도 하지 말라고 했다. 설령 모은다고 해도 무슨 강의가 되겠느냐고도 했다. 만약 나에게 당 내에서 할 수 있는 옵션이 하나라도 있었다면 다른 일을 했을지도 모른다. 민주연구원은 규모는 크지만 사람들이 생각하는 만큼 힘이 있는 곳은 아니다. 오랫동안 여론조사를 해온 까닭에 어느 정도 실력을 인정받은 당시 새누리당의 여의도연구원의 대중적 인지도를 따라갈 수도 없다. 당직자들은 나만 보면 국회의원과의 거리에 의해 당내 세력이 배치된다는 얘기를 해주었다. 원내를 지원하는 정책위원회가 힘이 세니까 지금이라도 부원장을 그만두고 정책위 부의장이 되는 법을 생각해보라고 조언해주는 사람도 있었다.

나는 문재인이 부탁해서 당에 온 사람이 아니므로

이른바 '문재인 사람'은 아니다. 하지만 이제 곧 문재인이 당대표가 될 테고, 그때를 대비해서 문재인 사람들 요청으로 내가 온 거라고 생각하는 사람들이 많았다. 문재인 사람들은 내가 문재인 영입 인사가 아니므로 처음부터 남이라고 생각했고, 문재인을 반대하는 사람들도 나를 남으로 여겼다. 나의 선택은 간단했다. 어차피 모두 남이다. 이 당이 집권할 때까지 임시로 돕는 거라고 아주 드라이하게 생각했다. 그게 제일 실속 없는 방식이기는 하지만 '어차피 일만 되면 되지 않아'라고 간단히 생각하기로 했다.

문재인과 정세균은 강의에 들어오겠다고 했다. 자, 이제 진짜 무서운 일이 남았다. 그 당시만 해도 새정치민주연합에서 당대표급 위상을 지녔던 안철수를 만나야 했다. 문재인과 당대표를 놓고 경합했던 박지원을 만나는 일도 만만한 일이 아니었다. 무엇보다 도저히 어떤 사람인지 감이 잡히지 않는 김한길도 만나야 했다.

안철수를 먼저 만났다. 무릎이라도 꿇겠다는 생각으로 몇 차례 만났는데, 무릎을 꿇기에는 분위기가 어색했다. 값싸게 표현하면 통사정을 하며 빌었다. 안철수를 만나기 전, 안철수의 측근들을 먼저 만났다. 그들에게 경제 강의의 취지를 전달하자 그 정도라면 같이해도 괜찮겠다며 건의해보겠다는 얘기를 들었다. 안철수는 본인이 유학 시절에 들었던 수업 가운데 감명 깊은 수업에 대해 얘기했다. 경제 뉴스를 언급했던 수업들이 유난히 감명 깊었다고도 했다. 비록 그가 돌려서 얘기했지만, 자기가 강의를 하면 했지 더 배울 건 없다고 얘기한 셈이다.

그 뒤에도 안철수는 여러 번 만났다. 나도 나름 큰 그림을 그리는 중이었는데, 못 이기는 척하고 적당히 한 번 져주지 않는 게 야속했다. 그래도 그 일로 안철수에게 섭섭한 마음은 갖고 있지 않다. 그도 없는 시간을 쪼개어 나를 여러 번 만나주었고, 그렇게 시간을 내어 세상 돌아가는 것에 대해 많은 의견을 나눈 것만으로도 많은 것을 배려해주었다고 생각한다.

박지원은 만나지 못했다. 그는 너무 바빴다. 측근을 통해 전달받은 메시지는 박지원은 마음을 잘 움직이지 않는 사람이지만, 정말로 큰일을 하기 위해 박지원의 마음을 움직인다면 가장 큰 도움이 될 사람이라고 했다. 그런데 따로 연락을 받지도 못했는데 그가 두 번째 강의부터 나오기 시작했다. 하필 거시경제 시뮬레이션 모델을 강의하던 때였다. 엄청나게 어려운 매트릭스가 나오고 수학식이 등장하는 강의였다. 그가 졸지 않기 위해 두 눈 부릅뜨고 버텼던 모습이 기억에 남는다. 수업을 마치고 그는 SNS에 '간만에 수업을 들었다'고 올렸다. 훗날 내가 민주당을 탈당한 후로는 그를 다시 만나지 못했다. 성격 한 번 화끈하다는 생각이 들었다. 경북 의성이 고향인 친구가 있다. 사나이라는 말을 '싸나'라고 표현했다. 그런 느낌이었다.

나중에 서로 뿔뿔이 흩어져서 싸우더라도 기본에 해당하는 것만이라도 한 번 같이 앉아서 고민하는 시간이 있으면 좋겠다고 생각했던 것 같다. 대선 후보였던 정동영도 만났다. 모두 반대했지만 정동영과는 오랜 시간을 함께 보낸 시절이 있다. 지금도 가끔 만나지만, 그는 문재인과는 같은 책상에 앉고 싶지 않다고 했다. 방법이 없었다. 당시 정동영과 같이 움직이던 천정배도 만났다. 그 역시 여러 번 만난 사이이지만 자기는 문재인이 너무 싫다고 했다. 나에게도 그와 자주 만나지 말라고 조언해 주었다. 나중에 알았지만, 그 시절 천정배는 장하성과 자주 만났던 것 같다. 장하성은 2012년 대선에서 안철수 후보의 정책 총괄을 맡았다.

그 시절 좀 늦게 만난 사람 중에서 가장 기억에 남는 사람이 김한길이다. 30대 초반, (얼마 전 세상을 떠난) 이한동⑤이 총리였던 시절 나는 총리실에서 근무했다. 그 시절의 이한동 앞에서도 긴장했던 적은 없었다. 그는 언제나 크게 웃으며 사람을 편안하게 해주었다. 에너지관리공단에서는 경제학자 장하준의 부친 장재식 장관 밑에서도 일했다. 내가 만나본 가장 높은 사람들이다. 소설가도 많이 만났다. 참여연대의 참여사회연구소를 돕던 시절, 후원회장을 자처한 소설가 조정래를 종종 만났다. 새만금 싸움을 하면서는 소설가 박경리를 더 자주 만났다. 2012년 대선에서는 소설가 황석영과 매일 보다시피 했다. 이래저래 유명한 문인들은 한두 번씩 본 것 같다. 뜬금없이 소설가와의 만남을 이야기하는 건 정치인 김한길 혹은 소설가 김한길 중 어느 쪽으로 보든지 내가 한국에서 만난 사람 가운데 가장 무서운 사람으로 기억되기 때문이다.

그렇다고 김한길이 나에게 무서운 얘기를 했던 것은 아니다. 자신의 딸이 내 책의 팬이라며 딸을 통해 내 얘기를 처음 들었다고 했다. 민주 진영이 어렵고, 당이 어렵다는 얘기를 길게 했다. 수업에 나갈 수는 있지만, 자기가 너무 우스워 보이지 않도록 약간 배려해주면 고맙겠다며 자리를 파했다. 웃는 표정에 우호적으로 그가 나를 대했지만 와이셔츠가 다 젖을 정도로 부들부들 떨

⑤
6선 의원, 내무장관 등을 지낸 보수진영의 상징적 인물. 이른바 'DJP(김대중·김종필) 연합'으로 출범한 김대중 정부에서는 총리직을 맡기도 했다. 2021년 5월 8일 운명했다.

었던 기억이 지금도 생생하다. "싸늘하다, 가슴에 비수가 날아와 꽂힌다." 영화 〈타짜〉의 유명한 대사, 그런 느낌이었다. 내가 긴장해서 땀을 너무 흘리고 있으니까 그가 말없이 재털이를 꺼냈다. 담배를 한 대 피고 나서야 나도 얘기를 시작할 수 있었다. 그는 자신이 민망한 모습을 보이지 않게 해주면 강의에 참여하겠다고 했다. 짧게 "하겠다"는 대답을 하고, 그에게 인생에 대한 이야기를 길게 들었다. 소설가에서 한 정당의 대표가 되는 특별한 길이 오기까지, 사람이 갖고 있는 삶의 무게가 있구나, 라고 생각했다. 그는 자존심이 강한 사람이지만, 배려와 통찰력이 있다는 느낌을 받았다.

언젠가 내 삶에 여유가 찾아오면 꼭 한 번 찾아가 고마운 마음을 전하고 싶은 사람 1순위가 김한길이다. 어쩌면 이 사람을 꼭 설득해야 한다는 과도한 의무감으로 내가 경직되었는지도 모른다. 되면 되고 아니면 아니고. 간단하게 생각하면 될 것을 좋은 세상을 만들고 싶다는 생각이 내 안에 커져서 내 자신마저 감당하지 못한 시절인지도 모르겠다. 배경과 완장 같은 걸 제외하고 개인만 보면 내가 만난 한국사람 가운데 가장 눈빛이 날카롭고 삶이 무거워 보였던 이가 김한길이다. 어떤 의미에서는 문재인과 가장 상반되는 사람은 안철수가 아니라 김한길이 아니었을까 싶다. 살다보면 그와 소주 한잔할 날이 올지도 모른다. 그를 장례식장에서 만나고 싶지는 않다. '언젠가 만나야지' 하다가 너무 많은 사람들을 장례식장에서 만나는 중이다.

그 시절, 추미애도 만났다. 추미애는 국회 환경노동위원장 시절에 4대강 같은 환경 현안으로 몇 차례 만났다. 사람은 자꾸 보다보면 정이 든다. 나는 좀 그렇다. 추미애가 당대표를 마치고 만나자고 해서 나간 적이 있다. 그는 청년 얘기를 더 하고 싶다고 했다. 젊은 사람들에게 많은 기회가 주어지는 대한민국이 되면 좋겠다고 말하던 그가 생각난다. 법무부 장관이 된 후부터는 아직까지 본 적이 없다. 세상 사람들은 강력한 사법개혁을 추진한 추미애를 기억하겠지만, 나는 새만금과 4대강, 그리고 청년경제를 얘기하던 그 시절의 추미애가 '누님' 같은 느낌으로 아련하게 남아 있다.

그 시절, 경제 강의를 준비하던 시절에 나를 도와준 사람들이 있다. 나중에 건설교통부 장관을 지낸 김현미는 "이건 안 돼, 저것도 안 돼" 잔소리를 엄청 해댔다. 그런데 그 얘기들이 실제로 큰 도움이 되었다. 당시만 해도 정치적 신인이었던 진선미가 경제 공부를 더 하고 싶다며 꽤 많은 도움을 주었다.

2014년 겨울은 그렇게 강의를 준비하며 시작되었다. 아침 7시 반, 민주연구원 앞에는 엄청나게 많은 기자들이 진을 치고 있었다. 대학원 강의를 한다는 마음으로 준비했는데, 강의를 준비하는 것보다 학생을 준비하는 게 몇 배는 힘든 아주 특별한 강의였다. 당대표가 되기 전 초선의원 시절의 문재인, 언제 탈당을 선언할지 모르는 폭탄 같은 김한길, 존재 자체가 코미디인 원혜영, 그리고 정치 생활의 최대 위기를 맞은 정세균…… 그 거물들이 좁은 회의실에서 어깨를 부딪치며 앉아 있었다. 추미애와 박영선의 표정이 지금도 기억난다. 그냥 고마울 뿐이다.

- 우 박사, 여기 개근하면 상이라도 있나요?

강의가 끝나고 문을 나서던 정세균이 물었다. 나는 그냥 웃었다. 다들 바쁠 텐데 개근이 가능하겠나?

- 나야 당연히 개근하지, 아침밥 공짜로 줘, 편하게 공부시켜줘, 왜 빠지겠어? 요즘 달리 할 일도 없고.

그렇게 나의 뜨거웠던 2년의 기起, 기승전결의 발단도 끝이 났다. 나는 인생 전반에 걸쳐서 대부분의 시간을 대충대충 살았다. 분명히 더 할 수 있었는데도 불구하고 무리하게 되거나 감당할 수 없는 일이 벌어질 것 같으면 중간에 멈춘 경우가 대부분이다. "끝까지 가보자!" 이런 것과는 먼 인생을 살았다. 다음에 또 하면 되지, 나는 큰 건 바라지 않아, 높은 나무에 달린 포도를 보고 신포도일 거라고 생각하는 이솝우화 속 여우 같은 삶을 살았다. 나는 인생의 많은 것들을 신포도라고 여긴 채 시도조차 하지 않고, 못 본 척하면서 대충대충 살았다.

아마도 처음이자 인생의 마지막이 될, 내가 할 수 있는 것보다 더 해본 일, 내가 하고 싶지 않아도 한 일. 그 2년의 시간이 그렇게 시작되었다.

두 명의 친구를 생각한다.
노회찬의 삶이 값진 것이라면
정세균의 삶도 대중적 인기와 상관없이
그만큼 값진 삶이다.
화전민 가정에서 학교에도 가지 못하고
농사를 거들던 어린이가 살아온
찬란했던 인생 이야기는
분명 시간을 들여서 읽을 가치가 있다.

2014년 겨울은

그렇게 강의를 준비하며 시작되었다.

아침 7시 반, 민주연구원 앞에는 엄청나게 많은

기자들이 진을 치고 있었다.

대학원 강의를 한다는 마음으로 준비했는데,

강의를 준비하는 것보다 학생을 준비하는 게

몇 배는 힘든 아주 특별한 강의였다.

당대표가 되기 전 초선의원 시절의 문재인,

언제 탈당을 선언할지 모르는 폭탄 같은 김한길,

존재 자체가 코미디인 원혜영,

그리고 정치 생활의 최대 위기를 맞은 정세균……

그 거물들이 좁은 회의실에서 어깨를 부딪치며

앉아 있었다.

대부분의 상사들은 보고를 받고 기다리라고 한다.
나도 많이 기다렸다. 정세균과 일할 때에는 그런 게
없었다. 성공한 사람에게는 나름대로 자신만의 비법이
있다. 특출나게 일을 잘하는 사람들, 그런 사람들이
독특하게 갖고 있는 자신만의 비법이나 삶의 자세가
있다는 생각이 들었다. 정세균에게는 누구에게도
보지 못한 특이점이 많았다.

2장

정책 라인의
세계

33

2010년의
1번 공약

정세균에게 내가 배운 것이 뭐가 있을까? 우선 선거용 공약을 만드는 방법이다. 공약과 정책은 다르다. 정책의 범위가 넓고, 그중에서도 특별한 요소를 가진 것들이 선거 공약이 된다. 가끔 선거 흐름을 바꿀 역대급 공약이 등장하기도 한다. 정세균은 '브랜드 공약'이라고 부른다. 브랜드 공약이라는 말이 원래 있는 줄 알았는데 시간이 지나고 보니까 정세균 혼자서 쓰는 말이었다.

20세기 이전에는 정책의 세계에서 좌우가 명확히 나뉘는 경향이 있었다. 프랑스에서 사회당PS, Parti Socialiste 의 미테랑① 대통령이 집권했던 1기는 국유화가 대세였다.

①————
1981년 5월 10일 프랑스에서 사회당의 미테랑이 대통령에 당선됐다. 대통령 중심제의 제5공화국 출범 이후 23년 만에 처음으로 중도 좌파의 사회주의자가 집권한 것. 미테랑은 최저임금 인상(15퍼센트), 주 39시간의 노동시간 단축, 연 5주간의 유급휴가, 노동자의 경영 참여 보장, 공공기관의 20만 명 신규 채용, 30여 개 금융기관과 통신·항공 등 주요 대기업의 국유화, 주택수당·가족수당·노령연금 대폭 인상, 모든 국민에게 생계비를 지원하는 최저소득제(RMI), 부자들을 대상으로 한 '부유세' 등 급진적 개혁정책을 도입했다.

사회당의 힘이 빠진 2기에는 다시 민영화 흐름이 돌아왔다. 21세기 이후에는 정책이 섞이게 되었다. 탈원전은 녹색당의 대표 공약이었는데 유럽의 사민주의 정당들이 받아들였다. 그런데 독일에서 탈원전을 추진하고 있는 메르켈 정부는 대표적인 보수 정부다. 석탄 발전을 줄이고 있는 대표적인 국가인 영국도 보수당 정부다. 포장지로만 쓴 경향이 있지만, 2012년 후보 시절 박근혜가 경제민주화를 공약으로 제시하면서 선거 흐름이 바뀌었다.

앞으로 정세균이 어떤 일을 더 해낼지 모르지만, 그가 했던 일 가운데 대한민국의 역사를 조금이라도 바꾼 일이 있다면 민주당 대표로 2010년 지방선거를 치르며 제시했던 '정책'을 꼽고 싶다. 비록 그 선거에서 민주당은 서울시장 자리를 오세훈에게 내주었지만, 인천 등 지방자치단체에서 약진하면서② 이후 집권으로 이어진 결

②———

2010년 6월 2일 제5회 전국동시지방선거가 열렸다. 민주당을 필두로 한 야권연합은 2011년부터 초중고 모든 학생에게 친환경 무상급식 전면 실시를 공약으로 삼았다. 54.4퍼센트 투표율을 기록한 선거에서는 민주당(대표최고위원 정세균) 7곳, 한나라당(대표최고위원 정몽준) 6곳, 자유선진당(총재 이회창) 1곳, 무소속 2곳이 승리하였다. 특히 서울특별시장 선거에서는 출구조사 결과가 0.2퍼센트 차이였는데, 개표 도중 득표 순위가 4번이나 뒤바뀌는 등 접전 끝에 오세훈 후보가 3만여 표차로 승리했다. 그러나 한나라당의 전통적인 지지 기반으로 여겨졌던 강원도와 경상남도에서 여당이 야권 후보에게 패하는 등 이변이 일어났다.

정적 교두보를 만든 선거였다. 여세를 몰아 2012년 4월 총선까지 압승했다면③ 2012년 대선은 다른 결과가 나왔을 것이다. 김용민 막말 사건으로 사람들이 기억하는 2012년 총선은 결과가 별로 좋지 않았다. 당시 새누리당은 졌다고 생각하고, 원내 1당을 민주당에 내주었을 때의 안전장치를 만들어 놓았다. 2/3라는 기상천외한 숫자가 있어야 법을 상정할 수 있는 국회 선진화법은 새누리당이 2012년 총선에서 패배를 예상하며 안전장치로 만들어놓은 법이었다. 비록 2012년 총선은 예상보다 초라한 결과를 얻었지만, 2010년 지방선거의 여력으로 오세훈이 서울시장을 사퇴하는 일이 벌어지게 되었다.

학교 급식은 초창기 때 농업 운동을 하던 사람들과 학부형 운동을 하던 사람들, 그리고 식품안전을 추진하던 사람들을 한 곳으로 모이게 했다. 나는 친환경 급식 문제에 관여하면서 이 문제에 들어오게 되었다. 물론 여기까지는 다 아는 얘기다. 중요한 것은 무상급식을 접점

③————

2012년 국회의원 선거는 새누리당이 과반을 차지하며 승리했다. 선거를 진두지휘한 비상대책위원장 박근혜를 중심으로 친박이 전면에 등장한 선거였다. 민주통합당은 18대 총선(81석)에 비하면 46석이 늘어난 127석을 확보했지만, 이명박(MB) 정부 심판론에만 기댄 채 과반을 낙관하다 패배를 인정해야만 했다. 18대 총선에서 18석을 얻었던 자유선진당은 5석에 그치며 심대평 대표가 정계 은퇴를 선언했다.

삼아 2010년 지방선거에서 민주당과 정의당 사이에 일종의 선거 연합이 형성되었다는 데 있다. 지금까지 한국의 선거에서 '정책 선거'라고 부를 만한 선거는 그때 한 번이었다. 많은 사람들이 학교 급식을 자기들이 만들었다고 주장한다. MB 시절, 지방선거에 참여한 대부분의 사람들이 학교 급식 네트워크 ○○지부 같은 명함을 갖고 있었다.

그 무상급식이 민주당 1번 공약으로 나갔다. 중앙선거관리위원회에서 확인하려고 전화가 왔다고 한다.

– 민주당에서 무상급식을 맨 앞에 두었는데 맞나요?

당시 새누리당에서는 공공 부문 30만 고용을 1번 공약으로 놓았다. 민주당 내에서도 다시 토론이 있었지만, 결국 무상급식을 1번 공약으로 결정했다. 그리고 그 선거는 무상급식만 얘기하는 선거가 되었다. 보편복지와 선별복지에 대한 논쟁과 더불어 '학교 급식'이라는 공약은 선거 전체를 좌지우지한 것은 물론 촛불집회까지 이어지면서 피아彼我를 구분하는 공약이 되었다. 공약 하나가 역사를 조금 바꾸었다.

브랜드 공약이라는 표현을 쓴다면, 역사적으로 그

정도 위치에 올라갈 수 있는 공약은 민주당 노무현 후보의 행정수도 충청권 이전 공약과 2010년의 무상급식 정도를 얘기할 수 있을 것이다. 민주노동당도 무상의료 등 좋은 공약이 많았지만 당세가 너무 약해서 기억하는 사람이 많지 않다.

2010년 지방선거에서 정세균이 당대표가 아니었더라도 무상급식이 1번 공약이 되었을까? 아마도 공약으로는 채택되었겠지만 다른 경제 공약이나 개발 공약에 밀려서 후순위로 갔을 가능성이 높다. 다른 건 몰라도 정책 이해도만큼은 정세균이 역대급이라고 생각한다.

역사적으로 보아도 무상급식은 매우 독특하고 상징적인 공약이다. 학교 급식은 본래 진보 의제가 아니라 전형적인 보수 정책이다. 미국이 제2차 세계대전을 치른 뒤 전투 성과를 분석했는데, 병사들이 청소년 시기에 발육이 어려워서 전투력에 손상을 입었다는 결과가 나왔다. 일본도 유사한 분석 결과가 나왔다. 국가를 재건시키려면 자라나는 어린이들에게 좋은 것을 먹여야 하는데 패전 일본은 그럴 여력이 없었다. 당시 일본이 할 수 있는 것이라곤 학교 급식을 통해 고래 고기를 먹이는 것밖에 없었다는 얘기를 들은 적이 있다. '고래 보호' 논쟁이 있을 때마다 고래 고기에 대한 일본 국민의 노스탤지어의 이유라는 얘기도 있다. 독일에 비해 국민 체력이 열세라고 분석한 프랑스 정부가 청소년들에게 감자를 먹이기 시작했다는 얘기도 비슷한 맥락이다. 튼튼하고 건강한 청소년을 전투력 향상으로 연결시킨 각 나라의 보수 진영에서 학교 급식 시스템을 개선하고 만들어온 것이다.

2000년대 중반 한국의 학교 급식은 시민운동, 특히 농민운동과 빈민운동의 연장선에서 시작되었다. 보수가 굳이 반대할 필요가 없는 정책이었는데, 한국의 보수는 부자 아이들에게는 절대로 공짜로 밥을 줄 수 없다는 것에 선거의 모든 것을 걸었다. 그리고 선거 이후 실제로 오세훈이 시장직을 걸었다. 68혁명 이후 프랑스 등 유럽에서 무상 대학 시스템으로 전환한 것도 드골 정권 등 보수 정권이었다.

브랜드 공약

정책과 공약의 가장 큰 차이점은 좋은 정책이 좋은 공약이 되는 것은 아니라는 점이다. 너무 좋은 정책은 상대방도 "나도!" 따라한다. 모두가 합의할 수 있고, 한 방향으로 나갈 수 있는 정책은 아주 우수한 정책이고 좋은 정책이다. 그러나 상대편에서도 바로 받을 수 있는 정책은 공약이 되기 어렵다. 산에 나무를 더 심거나, 산불을 줄이기 위해 간벌④을 하자 같은 조림造林 관련 정책은 좋은 일이지만 상대방이 받지 않을 이유가 없는 정책이다. 찬반이 명확히 갈리는 공약이 좋은 공약이다. 물론 좋은 공약이 곧 좋은 정책이라는 말은 아니다. 나는 선호하지 않는 표현이지만 이른바 '각을 잡는다'는 표현이 있다. 기본 방향은 동의하지만 상대가 받을 수 없는 형태로 세부 정책을 끼워 넣는다는 말이다. 논쟁이 클수록 유리하

④————

간벌(thinning, 間伐). 수풀을 가꾸는 방법의 하나로 나무가 자라는 초기에 잡목 솎아내기(제벌) 작업 후 나무가 일정한 크기 이상으로 자란 다음, 또는 일반적으로 식재 후 10~20년 사이에 비교적 굵은 나무들을 다시 솎아내는 작업이다.

다. 특히 세 대결에서 불리하다면 논쟁이 격렬할수록 유리하다.

　이익을 받는 사람이 적지만 명확한 경우도 좋은 공약이다. 박용진의 유치원 3법이 선거 공약으로 나왔다면 매우 좋은 공약이었을 것이다. 이익을 받는 사람이 명확할수록 대다수는 아니더라도 확실한 지지층을 확보할 수 있다. 특정 지역의 땅값을 올리고, 지하철을 놓아 역세권에 새로 편입되는 사람들을 만들고, 그리고 국회의원 선거마다 빠지지 않는 다리 놓기 공약이 이런 경우다. 토건 공약이라고 욕을 먹지만, 사용자 입장에서는 확실한 지지가 나오기 때문에 계속 사용하고 싶은 유혹을 느끼게 된다.

　그렇다면 가장 좋은 공약이란 무엇일까? 후보의 가슴에서 나오는 공약이다. 옆에서 입력시키는 것은 한계가 있다. 마음에서 우러나와야 발언할 기회가 있을 때마다 입에서 나오게 된다. 억지로 삼은 공약은 급한 상황에서는 기억나지도 않고 입 밖으로 나오지도 않는다. 아무리 내용이 좋아도 후보와 맞지 않는 공약은 실패다.

　브랜드 공약이라고 불리는 대표 공약은 모든 선거를 치르는 사람들이 꿈꾸는 공약이다. 그렇다고 매번 선거 때마다 이런 공약이 나오는 것은 아니다. 시대와 역사, 그리고 후보의 조건 등이 맞을 때 나오는 법이다. 대표 공약이 안 나오는 선거도 많다.

지난번 서울시장 선거에서 오세훈과 박영선이 맞붙었다. 공약이라고 할 것도 없었고, 약간의 차이만 있을 뿐 집을 좀 더 짓겠다는 유사한 내용이었다. 물론 세밀하게 안으로 들어가면 돈을 움직이는 방식과 약자를 대하는 방식에서 차이가 나지만, 그렇게까지 현미경으로 들여다보기는 쉽지 않다. 자료도 몇 줄 안 나오고, 세세한 메커니즘은 아예 공개하지도 않는다. 세부 내용이 없는 경우도 많다. 판세가 우세하다고 여기는 쪽에서는 정책 논쟁으로 들어갔다가 말리는 수가 있어서 아예 들어가지 않으려는 경우도 많다.

이런 경우에는 그냥 세 싸움으로 선거가 끝난다. 이기는 쪽은 어차피 이기는 것이니 상관없지만, 세가 약해서 뒤집어야 하는 쪽에서는 최대한 정책을 부각시키려 노력한다.

정세균은 내리 여섯 번을 국회의원 선거에서 이긴 사람이고, 2010년 지방선거를 포함해서 수많은 선거를 지휘했던 사람이다. 밑바닥에서 사람들을 만나 그 많은 선거를 이긴 거라고 정세균을 아는 사람들이 내게 말해 주었다. 무주-진안-장수, 일명 '무진장'이라고 불리는 그의 고향인 전라북도에서는 그게 가능하겠지만, 2012년 총선에서 홍사덕과 맞붙은 종로는 아무래도 설명하기 어렵다. MB 후반기, 당시 야당은 정권 교체에 대한 열망이 아주 강했다. 선거 전략으로 기득권들의 용퇴에 대한 압력이 높아졌다. 사퇴 압력은 '출마=당선'이 당연시 되는 호남 지역 중진들에게 가해졌다. 정세균 역시 전북의 기득권으로 몰렸고, 급기야 정계 은퇴를 요구받는 지경이었다. 이때, 그가 내린 선택은 이른바 '험지'라고 불리는, 당선 가능성이 매우 낮은 수도권에 출마하는 것이었다. 그게 종로다. 1988년 한 선거구에서 한 사람만 뽑는 소선구제가 도입되면서 민주당 후보로 종로에서 당선된 사람은 이명박이 불법행위로 당선 무효가 된 보궐선거에 나선 노무현이 유일했다. 게다가 정세균의 맞상대는 풍운의 정치인 홍사덕이었다. 당선 가능성이 거의 없어 보였던 2012년 종로 선거는 전북의 맹주 정세균이 명예롭게 은퇴하려는 모양내기로 해석되었다. 그러나 그는 그 선거에서 살아남았고, 오히려 홍사덕이 정계를 은퇴하게 되었다. 사람이 가진 시간은 24시간, 누구나 동일하다. 정세균이 밑바닥을 부지런히 누비며 선거에서 승리했다는 말은 2012년 종로 선거에서는 해당되지 않는다. 정말로 사람들을 많이 만나는 것만으로도 당선될 수 있다면

선거에서 지는 사람이 왜 나오겠는가?

정세균과 지내온 시간, 경제는 내가 가르친 것 같지만 공약이 돌아가는 세계만큼은 그에게서 배웠다. 여의도에는 수많은 선거 전문가들이 있다. 유명하다는 여론조사 회사와 그보다는 덜 유명하지만 컨설팅 회사 등 갖가지 선거 기법에 정통한 사람들이 많다. 우리나라는 4년에 한 번씩 국회의원 선거와 지방선거, 그리고 5년에 한 번씩 대선을 치른다. 선거가 끝나자마자 또 다른 선거가 시작된다. 여론조사 전문가와 선거 전문가는 많지만, 이상하게도 정책 전문가는 여의도에서 찾기 힘들다. 그들은 주로 세종시에 있거나 서울역 주변에 자주 모인다. 주요 행정부가 세종시로 이전하면서 한국 최고의 정책 전문가들이 모이는 곳은 KTX가 출발하는 서울역 혹은 SRT가 출발하는 수서역 회의실이 되었다. 전국에서 모였다가 기차역 밖으로는 나가지도 않고 다시 제각각 흩어진다. 요즘은 모르겠지만, 한때 새누리당의 정책 전문가들은 주로 골프장에서 볼 수 있다는 소문이 돌았다. 나와 이름이 같은 강석훈[5]이 새누리당의 정책통이었다. 불행히도 박근혜 말기에 청와대 경제수석이 되면서 대통령

[5]━━━━
강석훈. 성신여자대학교 교수. 서울대학교 경제학과, 위스콘신매디슨대학교 대학원 경제학 박사. 제19대 국회의원(서울 서초구을/새누리당)을 거쳐 대통령비서실 경제수석(2016. 5~2017. 5)을 지냈다.

탄핵과 함께 황망하게 되었다. 한국조세연구원에서 나름 유명한 연구원이었던 안종범은 경실련 등 시민단체 활동을 하다가 2002년 대선에서 이회창 정책특보로 정치권에 들어왔다. 2012년 박근혜 대선에서는 캠프의 정책메시지 본부장을 지냈다. 새누리당 시절의 대표적인 보수 쪽 정책 라인이다. 그가 빼곡하게 적어 놓은 수첩이 나중에 '종범실록'으로 불리며 박근혜 탄핵에 결정적 단서가 되었다. 박근혜의 몰락과 함께 그가 감옥에 갔을 때, 공무원들은 모두 피해가고 순진한 학자만 감옥에 갔다는 말이 나왔다. 강석훈과 안종범의 몰락을 보면서 경제학자와 여의도는 '불가근불가원不可近不可遠'이라는 속설이 더욱 강해졌다.

선거가 가까워지면 많은 사람들이 정책과 공약 사이에서 '브랜드 공약'을 찾아 헤맨다. 머리가 좋으면 만들 것 같지만, 좋은 공약은 쉽게 만들어지지 않는다. 비슷비슷해 보이는 수많은 공약 사이에서 우선순위를 정하는 것도 미묘한 일이다. 선거는 바람이 결정하지만, 정책의 방향은 공약이 결정한다. 정세균은 선거도 잘하지만, 공약 설계에서는 가히 테크니션이다. 그에게 많이 배웠다.

3

경제정책
심화과정

2014년 12월, '경제정책 심화과정'이라는 이름으로 민주당의 당대표급 인사들을 모아서 매주 수요일 오전 7시 30분에 열리는 경제 강의가 우여곡절 끝에 시작되었다. 당대표 선거 기간에는 잠시 쉬었다. 과정은 1기, 2기로 나누었는데, 정세균과 원혜영이 개근했다. 당대표 시절의 문재인은 절반 정도 온 것 같다. 사정상 본인이 참석하기 어려우면 자료를 받아갔고, 외부 강사 중 일부는 연락처를 받아 따로 만난 것으로 알고 있다.

정치권에서는 이름 붙이는 게 늘 어렵다. 티도 나지 않고, 아무도 주목하지 않을 제목을 찾다보니 '경제정책 심화과정'이라는 긴장감 없고 딱딱한 이름이 되었다. '담쟁이' 같은 이름을 달면 문재인 개인 과외라고 난리가 났을 테고, 좀 더 예쁜 이름을 달면 민주연구원에서 부원장이 개인 욕심으로 쓸데없는 일을 벌인다고 최고위원회에서 난리를 칠거라고 사람들이 조언해주었다. 내용을 좋게 만드는 게 중요하지, 티가 안 날수록 좋다고 생각했다.

산업 정책까지는 내가 직접 강의했고, 그다음부터는 외부에서 초빙했다. 장하성과 김상조도 초기에 강연을 했었다. 한 분 한 분 연락하는 것으로는 턱도 없어서 찾아가기도 하고, 머리가 바닥에 닿도록 도와달라고 굽신거리며 살았다.

사람들은 반대했지만 삼성경제연구소와 현대경제사회연구원 등 재계 쪽에서도 한 번씩 왔었다. LG도 연락이 되었는데, 때마침 당에서 어떤 사정이 생겼고, 그쪽에서도 누구를 보낼지 정하지 못하다가 무산되고 말았다.

가장 어려웠던 사람은 MB 시절 국무총리를 지낸 정운찬이었다. 정운찬이 부러웠던 적은 하나도 없었는데, 그가 KBO 총재가 될 때는 좀 부러웠다. 마침 그 양반이 중국에 방문할 일이 있어서 왜 해야 하는지, 뭘 해야 하는지 설명해달라고 해서 만나는 것부터가 쉽지 않았다. 그는 음성메시지를 주로 남겼는데, 스마트폰이 생긴 후 핸드폰의 음성사서함 비밀번호를 모른다는 사실을 그때 알았다. 아니, 비밀번호를 모른다는 사실은 나중에 알았고, 음성사서함에 들어가는 방법조차 잊고 있었다. 중요한 이야기는 꼭 음성사서함에 남긴다는 양반과 음성사서함 비밀번호를 잊어버린 나와의 연락이란! 그는 중국에 있고, 나는 음성사서함을 열 방법이 없고…… 개인적으로 도움 받을 일이 전혀 없는 삶을 살았는데, 그때 "한 번만 도와주세요, 선생님"이라며 진짜 애달프게 부탁했다. 정운찬 강연이 그렇게 만들어졌다. 시리즈로 서울시장 박원순 강연도 했다. 같은 맥락에서 이재명 강연을 시도했는데, 정무 라인의 반대가 너무 심해서 성사시키지 못했다.

2015년 초, 그때는 민주당이 야당 시절이었고, 블랙리스트 비슷하게 청와대에 찍힐까 두려워 모두들 숨죽이던 시절이었다. 게다가 맨날 당 내에서 싸우는 이야기만 나와서 민주당 지지율은 20퍼센트 넘을까 말까였고, 안철수가 언제 나가서 당이 깨질까…… 다음 정권을 획득할 가망성이 전혀 없어 보이던 시절이었다. 도와주고 싶지만 현실이 어려워서 돕지 못해 미안하다는 사람들이 많았다.

미리 섭외를 마치고 프로그램을 진행했다면 좋았겠지만, 강의 자체가 출발 직전에야 최종 결정되어서 후반 프로그램의 강사를 섭외하기가 어려웠다. 그때 한국경제학회 회장이 서울대 경제학과의 이지순 교수였다. 식구처럼까지는 아니어도 잘 알고 지내던 분이었다. 그분이 막 은퇴한 시점이어서 명예교수들을 위한 방에서 만났다.

– 우 박사, 요즘 이런 일 하고 다니는 거 부인이 아세요?

– 네, 허락받고 하는 일입니다.

– 거참, 부인이 허락했을 리 없는데.

이지순 교수는 기왕에 말이 나왔으니 하신다면서도 민주당을 돕는 일은 그만하라고 한참을 얘기하셨다. 이래저래 민망했지만 따로 드릴 말씀이 없었다. 서울대에 있는 햄버거 가게에서 말 그대로 햄버거를 같이 먹었다.

– 헛짓거리는 하지 않을 거라고 믿어요.

햄버거를 먹고 돌아서는데, 이지순 선생이 마지막으로 해주신 말씀이었다. 우리 집 식구와 동생네 가족까지 그분 집에 놀러가서 마당에서 고기를 구워 먹는 등 아주 오래된 관계였다.

문재인 측근들의 부탁으로 거시경제학 전공인 대중적 스타 이준구[6]도 만났다. 당신은 정당에서 강연한 적이 없어서 어렵다고 했지만, 그래도 열심히 해보라고 하셨던 기억이 난다.

<hr>

[6] 이준구. 서울대학교 교수. 프린스턴대학교 대학원 경제학 박사. 뉴욕주립대학교 경제학과 조교수, 서울대학교 경제학부 교수, 하와이대학교 경제학과 초빙 부교수를 지냈다.

여당 같으면 정부 출연 연구원 원장들에게 순서대로 한 번씩 강연을 요청하면 간단할 텐데, 박근혜 시절의 야당은 그럴 형편이 아니었다. 전생에 무슨 죄를 지어서 이렇게 머리 숙이고 살아야 하나, 별의별 생각이 들었다.

여호와께서 모세에게 말씀하셨다. "내가 이 백성을 보니, 참으로 목이 곧은 백성이다." (출 32:9)

성경에서는 '목이 곧은' 것은 여호와가 싫어하는 대표적인 속성이다. 성경을 다시 생각하며, 내가 구약시대에 태어났으면 '목이 곧아서' 죽을 수도 있었을 거라는 생각이 들었다. 나는 왜 이렇게 목이 뻣뻣하고, 목을 숙이기를 싫어하는 것일까?

4

우리,
매일 만나야겠네

당대표 선거에서 문재인이 선출되었다. 정세균에겐 본격적인 시련기가 시작되었다. 안철수를 축으로 다른 당으로 나갈 사람들과 문재인을 중심으로 모일 사람들이 물과 기름처럼 따로 놀았다. 위에서만 그런 게 아니었다. 당직자들도 누구 쪽 누구 쪽, 그렇게 편이 갈렸다.

새누리당이 자랑하는 시스템은 당직자 공천 시스템이었다. 공무원 시스템과 같았다. 보수도 훨씬 좋았다. 당시 민주당과 새누리당의 가장 큰 차이점은 당직 선거에서 극명하게 갈렸다. 당대표 등 당직 선거에서 새누리당 당직자들은 누구 편을 들면 해고 사유라고 했다. 아무 편도 들지 않고 중립을 지켰다. 민주당은 몇 차례에 걸친 혁신위 이후로 규정상 당직자들이 중립을 지키도록 되어 있지만 사람 일이 그렇지 않다. 누구를 돕고, 그걸로 다음 보직에 가거나 승진하는 게 문화처럼 되어 있다. 이긴 사람이 당조직을 접수하는 구조가 자연스럽게 생겨났다. 당직자가 당내 선거에 관여하면 처벌받는 새누리당과 선거에 관여하지 않으면 괜찮은 보직을 받기 어려운 민주당, 양당의 구조적 차이는 명확했다. 나중에 민주당도 몇 번의 혁신 과정을 거쳐 점차적으로 당직자들이 당내 선거에 관여하지 않게 규정을 바꾸기는 했다. 하지만 은근히 발생하는 일을 모두 제어하기는 어렵다. 오죽하면 무리인 줄 알면서도 이낙연이 당대표가 되는 불편을 감수했겠는가?

'정세균계'는 민주당의 최대 조직이고, 가장 끈끈한 계파라고 들었다. 전북의 맹주 정세균, 그럴 만하다. 그러나 내가 보았던 시기에는 한때 정세균 사람이었을지는 모르지만, 모두가 당대표 문재인을 중심으로 자기 자리를 찾아가며 재구성되는 중이었다. 문재인의 최측근이 되고, 당의 살림을 맡은 사람들이 정세균에게서 멀어져 갔다. 속으로는 무슨 생각을 했을지 모르지만 정세균은 그렇게 혼자 있는 시간을 조용히 인내하면서 보내고 있었다. 영화 〈신세계〉에는 실질적인 권력이 없다는 의미로 이런 대사가 나온다. "그는 인수분해 당했잖아." 권력이 원래 그런 거 아니겠는가?

'유능한 경제정당'이라는 말은 문재인 당대표 공약에 들어 있던 말이다. 나는 '유능한'이라는 수식어가 마음에 들지 않았다. 유능하다는 말은 자기가 할 말이 아니다. 자기가 스스로를 수식할 때 '유능한'을 달면 전혀 유능해 보이지 않는다. 그래도 어쨌든 대표 공약이니까, 그 형태로 그대로 공약을 이행하기 위한 약간의 조치가 생겨났다. 그때 기본 설계자가 문재인 청와대의 일자리 수석이었던 정태호로 알고 있다. 나중에 서울 관악구 국회의원이 되었다. 당대표 당선 이후의 그림은 대표 비서실장이 된 김현미가 짠 것으로 안다. 정세균+윤호중+우석훈, 이 조합으로 유능한 경제정당위원회를 만들면 좋겠다는 구상이 이때 나왔다.

윤호중은 그때 이름을 처음 들었다. 누군지 전혀 몰랐다. 하긴, 내가 윤호중만 몰랐던 게 아니다. 나는 녹색당에서 정의당 사이, 환경운동연합에서 참여연대와 문화연대 사이, 그 어딘가에서 주로 움직였다. 그리고 가끔 학회에 나갔다. 민주당과 주변 사람들은 나에게는 너무 생소했다.

윤호중을 처음 만난 것은 어느 봄날, 세 사람이 일종의 상견례를 하는 자리였다. 시청 앞 플라자 호텔 커피숍이었다. 철학을 전공했고 감옥에도 갔다온 전형적인 정무형 정치인이었던 윤호중이 정책 쪽으로 위치를 옮긴 순간임을 그때는 몰랐다. 당 사무총장을 했던 윤호중이 나중에 정책을 총괄하는 정책위 의장이 되고, 문재인 대선에서 정책본부장이 되는, 그가 가보지 않은 길의 변곡점이 생겨나는 순간이었다. 그날 엄청난 이야기를 나눈 건 아니고 "싸우지 말자"는 얘기 정도만 했다. 살아온 길도 다르고, 개성도 완전 뚜렷한 세 사람이 싸워서 위원회가 출발하기 전에 좌초할 거라고 여긴 사람들이 많았다는 것을 나중에 건네들었다. 그날 정세균의 말 중 의미 있는 얘기는 딱 한 마디였다.

– 우리, 매일 만나야겠네.

그냥 의례적으로 하는 말인 줄 알았다. 정말로 매일 만나게 될 거라고 나는 생각하지 못했다. 그건 윤호중도 마찬가지였던 것 같다. 당대표 선거에 나가지 못하고, 당에서 보직 없는 국회의원으로 지내고 있었던 정세균이었지만 그는 이미 5선 국회의원이었다. 외부에서는 당내 최대 계파의 수장이었고, 여차하면 대선에 나갈 수 있는 사람이었다. 매일 보자니, 그냥 의례적으로 열심히 하자는 말을 그렇게 표현한 것으로 생각했다. 그런데 진짜로 매일 만나게 되었다.

정세균은 커피 한 잔 마시고 먼저 들어갔고, 윤호중과는 거하게 소주를 마셨다. 그렇게 우리는 올드했다. 다른 방식으로 "잘해보자"라고 마음을 표현하는 방법을 몰랐다. 그가 감옥에 간 이야기를 들었고, DJ 시절 당직자로 당에서 근무했던 얘기를 들었다. 김현미와 윤호중이 공채로 당직자가 되어서 정치를 하게 된 극히 드문 경우였다.

살면서 위로가 되는 사람을 자주 만나게 되지는 않는다. 윤호중이 나에게 그런 사람이다. 내가 민주당을 떠나고 나서도 계속 만나는 사람은 윤호중 정도다. 이제는 노스탤지어가 되었다.

일반적으로는 당 사무총장을 한 번만 맡는데, 윤호중은 인생이 이상하게 엇나가서 두 번이나 하게 되었다. 그즈음, 민주연구원 원장을 나보고 맡아달라는 이야기가 있었는데 어렵다고 했다. 인생을 살다보면 뭔가 인연이 한 번 모이는 순간이 있다. 그렇다고 그걸 억지로 다시 만들려고 하면 피곤하거나 추해진다.

지난 대선 TV 토론에서 유승민의 질문에 대해 문재인이 그건 '정책본부장'에게 물어보라고 해서 난리가 난 적이 있었다. 그 본부장이 윤호중이었다. 민주당 정책위의장을 하다가 대선에서 정책본부 본부장을 맡게 되었다.

정당 내에는 정무 라인이 있고 정책 라인이 있다.

가끔 말로 설화를 일으키는 진성준이 대표적인 정무 라인이었다. 전략본부에서 여론조사 결과를 살피면서 전체적인 정무적 판단을 한다. JTBC 〈썰전〉으로 유명해진 후 정치로 돌아갔다가 나왔다가 다시 돌아간 이철희 역시 전형적인 정무 라인이다. 정치인들은 백이면 백, 정무 라인으로 가고 싶어 한다. 그게 당 내부에서도 힘이 있고 권력에도 가깝다. 우리가 생각하는 정치는 대부분 정무적인 일을 하는 사람들이다. 이철희가 다른 정무 라인과 조금 다르다고 느낀 것은 그는 정책이 중요하다고 생각하는 드문 사람이어서다. 대부분의 정무 라인은 정책은 포장지이고, 본질은 사람의 일, 즉 정치에 있다고 생각한다. 이철희는 나에게 너무 많은 일을 시켰다. 우와, 돌아버리는 줄 알았다.

정책 라인은 정당 내부에서는 매우 약하다. 정당마다 흔히 '정책위'라고 줄여서 부르는 정책위원회가 있다. 이곳의 수장이 정책위 의장이다. 외부에서는 무지무지하게 중요하다고 보지만, 말만 그렇고, 정책위 의장 출신으로 제일 높은 자리에 간 사람은 정세균이 거의 유일하다. 내가 민주당을 돕던 시절에는 파트너로 최재천과 이목희가 정책위 의장이었다. 최재천은 안철수 탈당에 즈음해서 정책의장을 사퇴하고, 다음 총선에 출마하지 않았다. 그런 정치적 격동기라서 최재천이 정책 분야에서 뭔가를 남기기가 힘들었다. 다음 정책위 의장은 이목희였다. 어려운 시절을 겪은 것은 그도 마찬가지였다. 그는 다음 총선에서 내부 경선도 통과하지 못했다.

윤호중은 2012년 총선 이후 정책위 의장을 했는데, 대선을 치르며 정책을 총괄하는 사람으로서 엄청나게 고생했다. 외부에는 드러나지 않았지만, 그 시절에 그는 정치적 위기를 겪었다. 정책 라인으로서 맨 앞에 섰지만, 한국에서 정책 라인이 빛을 보는 일은 드물다. 결국 민주당 사무총장을 다시 한 번 맡으며 다시 정무 라인으로 돌아갔다. 그 뒤에 법사위원장을 거쳐서 국회의원의 꽃이라는 원내대표에 선출되었다. 윤호중은 정책 라인과 정무 라인을 두루 겸비한 사람이라고 말하는 건 왠지 낯간지러운 일이다. 그럼에도 굳이 그를 이야기한 건 그가 보여준 삶이 한국이라는 현실에서는 정책 라인에서 몇 년을 고생하는 것보다 정무 라인에서 짧고 굵은 흔적을 만드는 것이 낫다는 약간 슬픈 교훈을 전하기 위해서다.

정세균이 매일 만나야 한다고 했을 때, 나도 그렇고 윤호중도 그렇고 정말로 매일 만날 줄 몰랐다. 그런데 실제로 매일 만나게 되었다. 만나면 언제나 끝나기 전에 그 수첩을 꺼내어 다음날 일정을 잡았다. 주로 오후 3시에 만났고, 5시에 만날 때도 있었다. 윤호중은 국회에서 의원회관까지 뛰어오는 날이 많았고, 나도 매일 시간을 내야 해서 일정이 개판이 되었다.

– 아니, 이 일보다 더 중요한 일이 있어요, 윤 의원?

가끔 윤호중이 이렇게 매일 만나야 하느냐고 싫은 기색을 비치면 정세균은 심하게는 아니더라도 뭐라고 했다. 분위기상 나도 불평하기 어려웠다.

유능한 경제정당 위원회는 그렇게 일상적인 당내 위원회와는 조금 다르게 만들어졌다. 당 내부의 수많은 위원회는 상근자는 없고, 의원실이나 연구원에서 누군가 파견이 되어 실무를 맡았다. 경제적 약자 보호 차원에서 만들어진 을지로위원회는 당 조직이지만 실무자를 자체적으로 보유하고 있었다. 하지만 조금 운영하다가 없어질 위원회는 상근을 뽑지 않는다. 근본적으로는 흔히 '오세훈법'으로 불리는 정당법 구조상 중앙당의 당직자는 99명이 한계다. 당직자를 늘릴 여유가 없다. 누군가 들어오려면 누군가 나가야 한다.

새롭게 사람을, 그것도 박사급으로 뽑으려면 난리가 날 수밖에 없다.

– 되지도 않을 일은 아예 하지도 말아요.

정치학 박사 한상익은 당직자 경험과 선거 경험이 많은 사람이다. 정권 교체 후 청와대에 있다가 다시 당대표실로 돌아왔다. 지금은 가천대 교수다. 잠시였지만 정세균 총리 시절, 총리실의 국민소통 분야 특보를 맡기도 했다.

한상익은 단칼에 박사급 연구원들을 새로 뽑아서 위원회를 만드는 일은 안 된다고 했다. 쌍욕만 안 했을 뿐, 이런 말도 안 되는 일을 벌릴 거라면 연락하지 말라고 뛰쳐나갈 분위기였다. 정세균이 다시 한 번 나섰다.

– 한 박사, 자네는 정권 교체가 싫은 건가, 아니면 나랑 일하기가 싫은 건가?

한상익이 정세균 앞에서 고개를 숙였다. 결국 한상익이 위원회 실무에 합류했다. 정세균이 매일 만나자고 한 말의 의미를 알게 되었다. 윤호중이 하면 3일 걸리고, 내가 하면 5일 걸릴 일을 그는 하루에 해결했다.

환경운동연합을 만든 최열 대표는 다시 한 번 환경재단을 성공시켰다. 그는 MB 시절 4대강 사업을 반대하다가 결국 감옥에 갔다. 감옥에서 나와 다시 환경재단으로 복귀해서 여전히 최열이라는 이름으로 남아 있다. 최근에는 헌법 1조 3항에 기후변화를 비롯한 환경 문제를 담자는 새로운 캠페인을 시작했다. 최열과 정세균의 공통점은 누군가 부탁하면 그 자리에서 통화해서 최대한 뒤로 미루지 않고 처리하는 사람이라는 점이다. 나도 그들에게 영향을 받아서 이제는 누가 나에게 부탁을 해오면 할 수 있는 일은 바로 처리하려고 한다. 되는 일이든, 안 되는 일이든, 습관적으로 오랜 시간을 끌며 고민할 이유가 없다.

대부분의 상사들은 보고를 받고 기다리라고 한다. 나도 많이 기다렸다. 정세균과 일할 때에는 그런 게 없었다. 성공한 사람에게는 나름대로 자신만의 비법이 있다. 특출나게 일을 잘하는 사람들, 그런 사람들이 독특하게 갖고 있는 자신만의 비법이나 삶의 자세가 있다는 생각이 들었다. 정세균에게는 누구에게도 보지 못한 특이점이 많았다.

앙리 르페브르Henri Lefebvre라는 프랑스 사회학자가 1960년대 '일상성'이라는 개념으로 대히트를 친 적이 있었다. 그는 프랑스 공산당 내에서 스탈린의 개인숭배를 반대하고 당에서 쫓겨났다. 그리고 우리의 일상생활에서 벌어지는 모순을 분석하면서 교조주의에 반대하고, 대학자가 되었다. 나도 일상성 개념의 영향을 많이 받았다. 그렇지만 앙리 르페브르의 일상성도 정세균식 매일 만나기에 견줄 게 아니다. 매일 만나서 일하기, 정말로 아주 독특한 경험이었다. 물론 아예 어딘가 짐 싸들고 가서 같이 숙박하면서 일하는 것도 보았고, 대선이나 총선처럼 단기간에 총력을 기울여야 해서 매일 만나는 상황도 보았다. 하지만 그런 건 루틴에 가까운 일이다. 선거를 오래 치른 사람들이 선거에 맞는 루틴을 디자인하고 공장을 돌리듯이 정해진 공정대로 제품을 만드는 것과 같다. 대량생산 대량소비, 노동자들도 컨베이어 벨트에 묶여서 매일 옆자리에 앉아서 정해진 리듬대로 일한다.

정당 내부에서 루틴을 깨면서 새로운 정책 라인을 만드는 일, 우리는 그 일을 매일 만나서 했다. 매일 벽에 부딪혔고, 그 벽을 넘어서기 위한 방법을 찾았다. 다음 날 또 다른 벽을 만났다.

5

머리 숙이는 일

당 지도부에게 경제 강의를 시작하고, 정세균·윤호중과 함께 유능한 경제정당 위원회를 만들면서 나는 머리를 숙이기 시작했다. 처음에는 나만 머리를 숙였는데, 나중에는 정세균과 윤호중도 같이 머리를 숙이게 되었다.

2015년, 민주당은 두 개로 나누어지기 직전이었고, 당시 새누리당은 너무 힘이 좋았다. 그쪽에서는 누가 나와도 이길 것 같다는 소문이 돌았다. 일본 자민당식 영구 집권도 가능하다는 얘기도 있었다. 정말로 그 시기에는 민주당을 도와줄 사람들을 찾기 힘들었다. 경제 분야는 더욱 어려웠다. 박근혜 3년 차, 두 차례에 걸친 보수 정권은 '기울어진 운동장'이라는 말이 어색하지 않을 정도로 일방적인 국면을 리드하고 있었다. 경제 분야는 말할 것도 없었다.

흔히 진보 대 보수가 팽팽하게 경쟁한다고 하지만, 경제학은 학부부터 진보적인 경제학을 접할 기회가 별로 없다. 정치경제학을 교양으로라도 만날 수 있는 과목은 '경제 학설사' 정도인데, 두 학기로 이루어진 경제 학설사도 점점 한 학기로 줄이고 있다. 흔히 신자유주의라고 불렀던 극단적인 자유주의 시대가 이제는 한풀 꺾였지만, 대학의 시간은 세상의 변화와 관계없이 아주 느리게 흐른다. 게다가 진보의 집권은 아주 짧았고, 후학들이 등장하고 연구할 수 있는 기반은 사실상 없다고 봐야 한다. 프랑스는 대학마다 고유한 성향이 있어서 좌파 계열의 대학들이 다양하게 존재한다. 독일은 진보 쪽 연구재단이 잘 형성되어 있다. 그래서 최소한 학술적으로는 어느 정도 균형이 이루어졌다. 물론 그런 나라에서도 현실적으로 좌파는 어렵다. 우리나라는 기본적인 균형 자체가 어렵다.

기업이나 정부에서 실무를 해본 진보 계열의 경제 전문가는 더더욱 찾기 힘들다. 기관장은 물론 연구소에서 행정의 핵심을 맡은 기획실장은 매우 보수적인 인사가 대부분이다. 보수 정권 8년이 지나면 그렇게 된다. 연구소에서 좌우의 대립이 좀 웃기는 일이지만, 경제 분야에서는 어쩔 수 없이 갈리게 된다.

당시 정세균이 유경위 공동위원장의 한 명으로 꼭 모시고 싶었던 사람이 장하성이었다. 스타 중의 스타였지만, 무엇보다도 정세균과는 오래된 사이였다. 하다하다 안 되니 여성가족부 장관을 지냈던 장하진에게 전화로 통사정했다. 그는 장하성의 누나다. 여차하면 집 앞으로 찾아갈 기세였다. 그렇지만 어려웠다.

나중에 안철수가 탈당할 즈음에 비대위원장으로 많은 사람들이 장하성을 염두에 두었다. 그때는 당대표실 부탁을 받고 내가 메신저가 되었다. 그때도 거절당했지만 재밌는 얘기를 많이 나누었다. 정권이 바뀌고 청와대 정책실장으로 가기 전 그와 통화를 했다. 그는 따로 할일도 없으니 경제를 논의하는 포럼이라도 만들자고 했다. 그 정도야 도울 수 있다고 말하고, 조만간 차 한잔하자고 했다. 며칠 후, 청와대 정책실장 발표가 났는데, 아마 그때까지도 자신의 거취를 몰랐던 것 같다. 그러니까 뭘 같이 만들어보자고 했겠지.

결국 돌고 돌아 강철규 전임 공정거래위원장이 정세균과 공동대표가 되었다. 내가 평생 만난 사람들 가운데 가장 점잖은 사람을 꼽으라면 남재희 장관과 함께 이분을 꼽을 것 같다. 정당 내의 정책 라인이 어떻게 움직여야 하는지, 앞으로의 경제 의제가 어떤 방향으로 가야 하는지, 나도 많이 배웠다. 그는 밝은 느낌의 재킷과 단화를 신고 지하철을 타고 다녔다. 그를 보면 마치 미국

드라마 시리즈 〈하우스〉의 주인공 그레고리 하우스(휴 로리)와 뭐든지 잘 아는 셜록 홈즈를 섞은 듯한 느낌을 받는다. 이상하게 강철규 장관을 보면 젊은 시절의 하우스가 떠오른다. 모르는 게 없는 사람 같다.

나중에 청와대 경제수석이 된 홍장표도 위원회에 합류하면서, 당시 진보 계열에서 민주당을 도울 수 있는 사람들은 어지간히 모은 셈이 되었다. 기분 좋아하던 윤호중이 지금도 기억난다. 민주당이 어려울 때는 당 행사에 경제학자 한 명을 부르기가 어려웠는데, 창립 기념행사에 수십 명이 움직이는 것을 보고 '감개무량'하다고 했다. 그는 당직자 출신이었다. 그래서일까. 우리와 보는 시각이 조금 달랐다.

그 시절에 머리를 숙이면서 절대로 머리 숙이지 않고 살던 나의 30대가 생각났다. 서울의 어떤 대학의 교수 임용에서 최종 라운드까지 올라가서 총장 면접을 보았다. 총장 옆에 배석한 사람이 물었다.

- 선생님은 프랑스에서 공부하셨는데, 나중에 학교에서 학생들이 데모하면 어떻게 하실 건가요?

짧은 순간이지만 별의별 생각이 들었다. 아마도 수

많은 청년들이 면접관 앞에서 접했을 질문 앞에 나도 섰다. 눈 딱 감고 머리 한 번 숙일까? 그런 생각을 안 한 것은 아니지만 그렇게 책임감 없게 대답하면 나중에 마음이 부대껴서 버티지 못할 것 같았다. 그냥 상황 봐서 판단하겠다고 말했다. 가끔 살다가 어려운 순간을 만나면 문득 그 순간이 떠오른다. 나는 머리 숙이는 것을 극단적으로 싫어했다. 내 문제와 관련해서 누군가에게 부탁하거나 머리를 숙이는 일은 정말이지 싫었다. 뭐, 나도 큰애가 어린이집에 가기 싫다고 할 때 결국 어린이집을 찾아 선생님들에게 고개를 숙였다. 고개를 숙인다고 문제가 해결되는 건 아니라는 것을 그때 제대로 알았다. 결국 집에서 꽤 떨어진 어린이집까지, 두 아이의 어린이집을 옮겼다.

고개를 숙여도 해결되지 않는 일은 세상에 많다. 위원장이나 위원을 선임하는 일은 실무적으로 보면 그렇게 큰일이 아닌, 어쩌면 '모양내기'에 가까운 일이다. 블랙리스트 같은 게 사람들을 무섭게 하던 시절이라 정부 출연 연구소에 있는 사람들의 도움을 받는 게 너무 어려웠다. 정부가 하는 일의 첫 그림은 그런 곳에서 나온다. 애초의 구상이나 현실에 가려진 복선을 이해하면 대안을 찾는데 도움이 된다. 당연한 얘기다. 공무원들 불러서 들으면 좋을 것 같지만, 야당 정책 라인에서 함부로 공무원을 부르기도 어렵고, 불러봐야 대부분 하나마나한 소리만 한다. 그 사람들도 대답을 잘 못하면 나중에 곤란해진다. 순환보직으로 그 자리에 있는 담당관들은 정책의 기원을 모른다. 처음에 구상했던 사람들의 생각이 궁금해진다.

노무현 정권 열린우리당 시절 때도 농업이나 에너지 분야의 사람들에게 가끔씩 정책적 도움을 주었다. 열린우리당이 집권여당이었던 시절이라 정부연구원에서 슬쩍슬쩍 조언도 해주고 자료도 넘겨주는 걸 보았다. 정부 연구원들은 열린우리당만 도와준 게 아니라 시민단체도 도와주었다. 가끔 시민단체에서 주최하는 회의에 나가면 정부 출연 연구원들이 앉아서 토론하는 경우도 종종 있었다. 보수 쪽 학자들도 같은 자리에 앉았다. MB의 경제정책을 총괄했던 곽승준 교수는 환경운동연합 정책위원회 회의에 내 옆자리에 앉아 있었다. 2008년 광우병 촛불집회 때 민심을 살피기 위해 모자를 푹 뒤집어쓰고 청와대 공무원 몇 명이 집회에 나왔는데, 그중 한 명이 곽승준이다. 아마 정치적으로 엇갈리는 운명이 아니었다면 훨씬 친하게 지냈을지도 모른다. 아무튼 그 후로는 보지 못했다. 그놈의 정치가 뭔지!

박근혜 시대에는 시민단체나 시민단체 주관 회의에

서 정부 연구원들을 보는 게 아주 어려웠다. 민주당은 말할 것도 없다. 마땅한 방법이 없어서 친구에게 물어봤다.

– 야, 너네는 뭘 해주면 도와줄 수 있냐? 행정적으로 할 수 있는 건 다 해줄게.

결국 찾아낸, 약간은 치사한 방법이 금요일 오전에 여의도에서 회의를 만들고 초청 공문을 보내는 일이었다. 예전에는 턱도 없었을 텐데, 많은 연구원들이 세종시 등 전국으로 흩어져서 지금은 돌아가는 방법이다. 금요일 오전에 서울에서 회의가 열리면 목요일에 올라올 수 있어서 도움이 된다는 거다. 금요일 오전에 회의를 열어서 정오 전에 끝내주면 많은 연구원들이 올 거라는 얘기다. 점심까지 잡고 있지 말고 오전에 끝내기. 사람살이가 다 그렇다.

아무래도 일종의 '꾀'라서 좋은 방법은 아니다. 설마 정부 연구기관의 박사들이 무슨 얘기인지 모르겠는가. 오래 쓰면 안 된다. 그렇다고 그냥 앉아 있다가 정보 부족으로 고사하는 것보다는 무슨 수를 써서라도 많은 정보가 필요하다. 정당의 정무 라인이 일상적으로 만나는 사람들은 신문기자들과 여론조사 전문가들이다. 기자들의 생각을 묻고, 뭔가 잘 써달라고 부탁하기도 한다.

- 잘 좀 써주시기 바랍니다.

정무 라인 사람들이 기자들과 만날 때마다 일상적으로 하는 말이다. 정당의 정책 라인에서 일상적으로 만나는 사람들은 공무원들과 그들이 움직이도록 틀을 만드는 사람들이다. 정책도 결국 사람이 하는 일이다. 모든 제도에는 기원이 있고 변화의 과정이 있다. 그때마다 사정이 있고, 작은 단서 조항 하나에 대통령 지시 혹은 총리 지시가 숨어 있다. 좀 모르는 것은 괜찮지만, 아예 모르면 토론회에서 창피 당하기에 십상이다. 그런데 신문 기자들이 주로 서울에 있는 것과 달리, 정책을 담당하는 사람들은 한 동네에 모여 있지 않고 전국으로 흩어져 있다. 이 사람들을 전부 쫓아다니는 인터뷰를 하는 게 낫다. 나도 책을 쓰며 중요한 부분은 취재만으로 끝내지 않고 그 분야에 오래 몸담은 공무원이나 연구원을 직접 찾아간다.

총리실에서 일하던 시절, 가장 좋았던 것은 잘 모르거나 좀 더 알고 싶은 것을 각 부처에 물어보면 빠르면 그날 오후, 늦어도 하루 이틀 사이에 답변이 모인다는 것이었다. 바로 답하기 어려운 것은 언제까지 알려주겠다고, 그렇게라도 답변이 온다. 물론 그렇게 온 답변이 만족스럽지는 않지만, 그래도 어디를 더 찾아야 하는지, 어디가 미진하고, 어디가 핵심 기관인지 대략의 지도를 갖게 된다. 물론 그 약간의 달콤함을 위해 다시 총리실이나 청와대에서 일하고 싶은 생각은 전혀 없다.

민주당이 야당이었던 시절, 정책 라인은 파트너를 만나기가 쉽지 않았다. 별의별 방법을 생각하고, 금요일 오전에 여의도에서 회의를 여는 꼼수 짓도 서슴지 않았다. 박근혜 정부에 찍히고 싶은 실무자는 없었고, 우리도 가진 게 없었다. 정당에 지급되는 국고보조금을 발제비로 지급하는데, 규정상 15만 원 정도가 최대다. 개인적으로 어디를 가서 조그만 강연을 해도 100만 원 밑으로 주는 기관은 '미안하다, 송구하다' 얘기를 꺼낸다. 선관위 기준에 맞춰서 정당에서 지급할 수 있는 돈은 대략 15만이 한계다. 그것도 발제를 해야 그렇다. 토론은 거기서 5만원이 또 빠진다. 많은 사람들이 참여 흔적을 남기지 않으려고 발제나 토론에서 빼달라는 게 요구사항인 경우가 많다. '단순 참여', 이 정도로 기록에 남겼다. 그러면 '거마비'라고 하는, 그야말로 말과 마차 비용으로 처리하고, 다시 5만 원이 빠진다. 누가 나에게 세종시에서 서울까지 회의하는데 오라면서 5만 원을 준다고 하면 "내가 5만 원 줄 테니까 오라고 하지 말아주세요"라고 할 것 같다. 그래도 참석하겠다는 연구원들은 마음으로 돕고 싶었던 거라고 생각한다. 사람들에게 머리를 숙이면서 고마운 마음을 갖게 되었다. 이 자리를 빌려서라도 그때 우리를 도와준 수많은 연구진들에게 감사드린다.

정세균은 행정 절차 등을 얘기하는 실무적인 회의가 아니라면 대부분의 회의에 들어왔다. 외부에서 누군가 한두 명 초청받는, 그야말로 아이디어 수준의 작은 회의도 여건이 되면 대부분 참여하고 싶어 했다. 정세균이 호기심 많은 스타일임을 그때 처음 느꼈다. 정무를 하다 보면 호기심이 줄어드는 경향이 있다. 정무직이 너무 호기심이 많으면 사고 난다. 반대로 정책 라인이 너무 호기심이 없으면 새로운 정책 설계가 불가능하다. 무엇보다 무미건조하고 영광 없는 삶을 견디기 어렵다.

그 시절 정세균은 한때 유명했던 계파가 그야말로 '인수분해'된 시절이라 외부에서 보면 아무 실체 없는 유능한 경제정당 위원회 위원장이 유일한 당직이었다. 정치인 중 그를 찾아오는 사람들은 많지 않았고, 대중에게도 뚜렷한 이미지가 없는 스타일이다. 국회의장이 되기 직전의 19대 국회 후반부, 그는 정말 별 거 없었다. 그렇지만 국책연구원 연구원들에게 정세균은 슈퍼스타 같은 사람이었다. 연구원장이 제일 높은 사람이고, 박사들에게는 국장은 물론 과장도 너무너무 높은 사람들이었다. 그들은 주로 사무관들과 일한다. 오죽하면 '주사 밑에 박사'라는 말이 생겼겠나. 그런 연구원들의 세계에서 정세균은 슈퍼스타이자 아이돌 같은 사람이었다.

– 야, 오늘 정세균 봤어.

집에 들어가서 식구들에게 얘기하면 좋은 소리 들을 건 없다. 정세균은 인기가 없다. 핀잔받을 게 뻔해도 정세균을 봤다는 사실을 입안에 물고 있기에는 입이 간질간질하다. 아마 한참 때의 노무현도 그 정도 인기는 아니었을 것이다. 진보 진영으로만 따지면 문재인은 초특급 슈퍼스타다. 앞으로도 그 정도 인기의 스타는 나오기 어려울 것 같다. 그래도 아무 생각 없이 참여한 여의도의 작은 골방 같은 회의실에서 느닷없이 정세균을 보면 사람들은 신기해하고 재밌어했다. 국회 토론회에서 국회의원들은 인사말을 하고 토론회가 시작되면 썰물 같이 빠져나간다. 그런 국회의원의 모습에 익숙했던 젊은 연구원들에게 한 줄 한 줄 메모하고 질문하던 정세균은 연예인 느낌을 주었다. 사례비도 제대로 주기 어렵고, 자리도 약속할 수 없던 야당 시절, 우리가 가진 것은 정세균 밖에 없었다. 그것은 돈으로 환산하기 어려운 생활의 작은 서프라이즈, 익숙하지 않은 경험이 주는 낯선 설렘이다. 권력과는 아주 거리가 먼 야당 시절의 정책 라인이 뭔가를 만들기 위해서 여의도 한구석에서 몸부림치던 시절,

정세균 덕분에 약간의 낭만이 생겼다.

대학교 1학년 말, 마음이 너무 심란해서 강릉에서 속초까지 혼자서 걸어가는 도보 여행을 한 적이 있었다. 힘들어서 죽는 줄 알았다. 그렇게 겨우겨우 속초에 도착했다. 시내 뒷골목으로 들어갔다가 놀라운 광경을 보았다. 바다다! 종로 뒷골목으로 들어갔는데, 뒷골목의 뒷골목쯤 되는 곳에 건물 대신 바다가 확 들어오는 느낌이었다. 그게 정말로 낭만적이라는 생각이 들었다. 별것도 아닐지 모르지만, 어두운 골목 한가운데에서 갑자기 펼쳐진 동해 바다. 지금도 나는 깎아지른 절벽인 피오르드식 해안의 한가운데 펼쳐진 프랑스 노르망디의 에트르타 해변보다 그때 본 속초 뒷골목의 동해 바다가 낭만적으로 남아 있다. 정책 라인에게도 낭만이 있다면, 정세균 정도의 슈퍼스타와 좁은 회의실에서 나란히 앉아 나라의 미래를 의논한 순간일 것이다. 속초 뒷골목에서 느닷없이 만난 바다, 그런 느낌을 많은 사람들이 갖기를 바라면서 나는 많은 사람들에게 머리를 숙이고 또 숙였다.

물론 이런 장면을 연출하기란 쉽지 않다. 많은 정치인들은 대중 앞에서는 물론 그 분야 최고의 전문가들 앞에서도 헛소리를 하기 때문이다. 최악은 밑도 끝도 없는 자기 자랑 연설을 하는 경우다. 자기 분야만 평생 파고 들어간 박사들은 생각보다 속이 좁다. 자기 시간을 뺏겼다고 생각하면 "모자란 새끼"라는 인상을 평생 지니고 간다.

정책 전문가들 앞에서 헛소리 하지 않을 정치인으로 정세균이라는 카드를 쓸 수 있는 이유는 그가 정책위 의장 등을 거친 정책 라인 출신이기 때문이다. 답은 몰라도, 답을 알려달라고 뭘 물어봐야 하는지, 딱 그만큼이라도 할 수 있는 사람은 정말 드물다.

미국판 막장 드라마라고 할 수 있는 〈하우스 오브 카드〉는 미국 하원의 원내총무인 케빈 스테이시가 결국 대통령이 되는 이야기다. 참신하게 시작했다가 점점 막장 드라마로 가다가, 주인공의 스캔들로 주인공마저 스토리에서 하차하는 다사다난한 이야기다. 줄거리는 황당하지만 하원에서 정책이 작동하는 흐름을 기가 막히게 파악하는 정책통이 하나하나 문제를 해결하는 과정이 흥미롭다. 우리나라의 현실에서 하원에서 활동하는 시절의 케빈 스테이시와 가장 비슷한 사람이라면 정세균 정도가 아닐까 싶다.

한반도 신경제지도,
우연과 우연이 겹친 일

2015년 8월 4일, 경기도 파주 비무장지대에서 목함지뢰 세 개가 폭발해서 부사관 두 명이 크게 부상당하는 사건이 벌어졌다. 당연히 북한과의 관계는 험악해졌다.

– 국민들 중에서는 통일 비용이 너무 많이 들지 않겠느냐, 굳이 통일을 할 필요가 있겠느냐 생각하는 분들도 계시는 것으로 압니다. 그러나 저는 한마디로 '통일은 대박이다', 이렇게 생각합니다.

2014년 1월 6일, 박근혜 대통령이 신년 기자회견에서 "통일은 대박" 발언을 한 이후로 사람들은 대북 문제에 상당한 변화가 생길 것으로 예상했다. 박철언이 특사로 활동했던 북방 외교가 진행된 것은 노태우 정권 시절이다. 이때 사회주의 국가들이 우리와 외교 관계를 맺었다. 지금은 한국 경제에서 가장 중요한 중국과 수교를 맺은 것도 그 시절이다. 보수 정권은 레드 콤플렉스가 없어서 사회주의 국가와 접근하는 데 있어 현실적인 접근이 가능하다. 실제로 역사가 그랬다. 따라서 박근혜 시절 대북 문제에서 좀 더 적극적인 것이 나올 수 있다고 사람들이 기대한 것도 사실이다.

그러나 목함 지뢰 사건 등으로 북한과의 관계는 급격도로 경색되어갔다. 북한의 핵실험과 미사일 동결로 위기는 점점 커졌고, 다음 해인 2016년 2월 10일, 박근혜 정부는 개성공단 철수를 결정한다. '통일대박'하고는 너무 먼 길로 박근혜 정부가 나가게 된다. 그 전환점이 목함 지뢰 사건이다.

유능한 경제정당 위원회가 만들어지고 처음부터 북한과의 경제 프로그램을 만들겠다고 의도한 것은 아니다. '북한 경제 분과'는 만들지도 않았다. 민주당에는 이른바 북한 전문가들이 엄청나게 많다. 괜히 북한 문제를 건드렸다가는 남의 영역 침범한다고 싸움만 만들까 싶어서 일부러 피했다.

우리가 정부 쪽 전문가들만 만난 것은 아니다. 민간 기업 관계자들도 많이 만났다. 처음에는 삼성경제연구소나 현대경제사회연구원 같은 연구 조직을 만났고, 그들의 도움을 받아 좀 더 상층부 사람들도 만났다. 삼성전자 간부도 만났고 현대자동차 간부도 만났다. 나중에 문제가 되어서 해체된 삼성의 미래전략실, 이른바 미전실 사람들도 만났다.

근본적인 문제에 대한 정치적 해법보다는 실제 현장에서 한국 경제를 어떤 시각으로 바라보고 있는지, 무엇을 대안으로 삼고 있는지가 궁금했다. 대표가 직접 움직이면 하나하나가 사건이 된다. 그리고 그 자리에서 결론이 나오지 않으면 "왜 만났느냐" "야합이다" 등 별의별 비난이 나온다. 부담스럽다. 하지만 내가 만나면 아무 사건도 아니다. 경제학자는 평소에도 그런 사람들을 자주 만난다. 정세균이 만나도 아무 사건이 아니다. 그가 훗날 국회의장이 되고, 국무총리가 될 거라고 상상했다면 사건이었겠지만, 그 시절에 그렇게 생각하는 사람은 없었다. 이제 슬슬 정계 은퇴를 준비해야 하는 한물간 야당 지도부, 그 정도 위상이었다. 그는 쓰린 속을 달래며 살았지만, 경제만 다루는 사람들을 긴장감 없이 만나서 이것저것 수다 떨기 딱 좋은 상황이었다.

북한과의 경제 협력 문제를 먼저 꺼낸 사람들은 기업인이었다. 그들은 이미 한국 경제는 위기다, 한국의 중산층은 점점 줄어들 거라는 판단을 내렸다. 공교롭게도 삼성전자와 현대자동차 주력 제품은 중산층이 주 고객이다. 장기적으로 중산층이 줄어들면 기업들도 주력 제품군을 바꾸거나 해외 시장을 더 개척해야 한다. '중산층 복원'은 박근혜 정부도 얘기했지만, 정작 기업들은 믿지 않는 것 같았다. 그 시절 박근혜 정부의 가장 특징적인 경제 정책은 "빚내서 집 사라"였다. IMF 이전, 재벌을 비롯한 한국 기업들은 모기업을 일종의 지주회사로 두고 계열사를 운영했다. '문어발식 경영'이라는 표현을 썼는데, 문어의 몸통이 건설사 등 부동산을 통한 경우가 많았다. 현대건설이 모기업인 현대가 대표적이고, 삼성은 삼성에버랜드가 맡았다. 그 회사가 2014년에 제일모직이라는 이름을 달고, 2015년에 삼성물산과 합병 후 삼성물산으로 이름을 바꾼다. 더럽게 복잡하다. 이 지난한 과정을 통해 한국 재벌이 건설사를 통해 회사를 운영하던 것과는 다른 방식으로 변화한다. 모기업 시절에는 건설이 잘 되고, 건설 자산이 올라야 모기업에 현금이 돌면서 몸통이 문어발을 유지할 수 있었다. 2015년에는 기본 구조에 변화가 생겼기 때문에 건설을 통한 경기 부양이라는 박근혜 정부 방식이 기업들에게 매력적으로 보이지 않았던 것 같다.

기업들은 북한과의 경제 관계를 장기적인 경제 위기의 돌파구 중 하나로 생각하고 있었다. 북한 경제는 워낙 정치적 측면이 강해서 현실적 실효성과는 별도로 기업들은 미래 옵션의 하나로 생각하고 있음을 처음 알았다. 마침 박근혜 정부에서 "통일은 대박"을 얘기하니, 기업 입장에서는 어느 날 갑자기 변화가 생겨날지 모를 일이었다.

기업인들이 나나 정세균에게 좀 더 솔직하게 대화를 나눈 배경에는 '출신'도 영향이 있었던 것 같다. 그렇게 내세울 일은 아니지만, 내 첫 직장이 현대건설이었고, 삼성의 미전실에 해당하는 종합기획실, 이른바 종기실 일을 했다. 목구멍이 포도청인지라, 강사 생활 한 학기 만에 먼저 취직시켜주는 곳으로 갔고, 그곳이 현대그룹이었다. 과장 시절, 별의별 일을 다했다. 나중에는 너무 힘들어서 결국 정부기관으로 옮겼다. 알다시피 정세균은 쌍용 출신이다. 상무 시절, DJ 영입으로 정치권에 들어온 사람이다. 아주 옛날이지만, 기업이 일하는 방식이 낯설지는 않다. 우리를 만난 사람들도 그만한 경력은 알아보았을 테니 좀 더 편안하게 생각했을지도 모른다.

한국 자본주의와 북한 경제, 이 문제를 『촌놈들의 제국주의』라는 책에서 다루었다. 그 시절에는 기업인들을 직접 만나서 인터뷰하지 못했는데, 그 후 10년의 시간이 흘러 그 이야기를 현장에서 들을 수 있어서 신기하고 재미있었다. 나는 경제는 경제 문제로 풀어야 한다는 생각이 강한데, 북한 이야기만 나오면 우리나라 정치인들은 신념이나 정무적 판단이 강해진다. 이벤트 의식이 너무 강하다. 천천히 가야 할 것은 빨리 가고, 빨리 가야 할 것은 천천히 가는 경우가 대부분이다.

이렇게 기업인들을 만나고, 북한 경제를 다양한 관점으로 알 만한 사람들의 의견을 모으는 작업을 담당자들에게 지시했다. 한창 정보를 모으는 데 그만 목함 지뢰 사건이 터졌다. "돈은 이념을 넘어선다." 경제학자로서 내 오랜 신념 중 하나다. 이념이 돈을 움직이는 것이 아니라 돈이 이념을 만든다. 이게 마르크스가 강조한 상부구조와 하부구조에 관한 얘기다. 우리말로 표현하면 결국 사람의 의식은 돈을 따라간다는 것이다. 마르크스의 이런 인식은 나중에 너무 강력한 경제환원론이라고 비판받았지만 한국에서는 어느 정도 관철되는 것 같다.

해마다 8.15가 되면 대통령을 비롯한 주요 정치인은 뭔가 메시지를 낸다. 일본에 대해 내기도 하고, MB처럼 '녹색 성장' 얘기를 꺼내기도 한다. 8.15는 광복절, 나라가 다시 출발한 날을 기념하는 것이라 미래를 주제로 한 메시지를 내기에도 좋다. 목함 지뢰 사건이 일어나고 얼마 지나지 않아 야당 대표의 8.15 축사 메시지 방향을 결정하는 회의에 내가 참석하게 된 것은 우연이었다. 당 대표 발표 가운데 경제 관련 이야기는 가끔 유경위에서 초안을 검토하는 일이 있다. 하지만 대부분 정무와 관련된 일이어서 정책 라인으로는 오지 않는다. 나 역시 그런 회의에 매번 참석하지 않고, 경제와 연관된 주제가 있을 때만 가끔 참석한다.

당시 회의는 목함 지뢰 이야기가 대부분이었고, 대북 메시지는 안 내는 게 좋겠다는 것이 정무 라인과 대북 라인 쪽의 지배적인 의견이었다. 국회의원들은 당 대표로서 처음이자 마지막인 8.15 축사이므로, 시대 인식과 시대 규정에 관한 선언적 이야기를 하는 게 좋겠다고 했다. 짧은 순간이었지만, 나는 머리가 복잡했다. 정무 라인은 주로 여론조사 결과나 국민 반응을 주로 살핀다. 미안한 이야기지만, 국회의원은 자기가 당대표 뒤에 배석할 수 있을지 없을지를 주로 생각한다. 한편으론 이해 가는 측면이 있다. 따라서 경제 관련 주제가 나오지 않는 한 나는 입 다물고 있다가 "크게 이견 없습니다"라는 하나마나한 이야기를 남기고 조용히 나오는 게 그날 분위기였다. 그렇게 회의는 토인비를 인용하면서 역사에 대한 시대 규정 같은 이야기로 당 대표의 8.15 축사 내용을 정리하려고 했다. 그 순간, 나는 토인비를 인용하든, 칸트나 헤겔을 인용하든 "나는 세상을 이렇게 본다" 같은 야당 대표의 축사는 하나마나한 이야기라는 생각이 들었다. 무엇보다 야당이 집권하면 무엇을 해야 할까라는 준비된 프로그램이 없다는 인상을 국민들에게 줄 것 같았다.

그래서 입을 열었다. 최근에 만난 기업인들이 북한 경제에 대해 이러이러한 얘기를 했고, 목함 지뢰 국면에 북한과 관련된 정치적 이야기를 꺼내는 게 그렇지만 경제 협력은 당장 할 수 있는 게 아니라 어차피 나중에 집권해야 할 수 있는 것이니 지금 해도 좋을 것 같다고 얘기했다. 속으로 다시는 이 회의에 오지 못하겠다고 생각했다. 이래저래 분위기 파악 못하는 책상물림이라는 소리를 들을 거라고 예상했다. 어차피 민주당에서 경제 정책은 한직 중 한직이다. 변호사들이 힘쓰는 세상에서 정책은 변호사 몫이다. 무엇이든 그들이 정서적으로 원하는 것이 맨 앞으로 간다.

– 대북 경제 협력, 그걸로 한 번 검토해볼까요?

문재인 당대표가 잠시 눈을 감았다가 입을 떼었다. 그 순간, 옆에 배석한 수많은 사람들의 눈총이 내게로 마구 쏟아지는 기분이었다. 토인비를 인용하며 멋지게 이야기하고, 가슴이 뜨거워지는 시대 규정이라는 주제로 연설을 생각했던 사람들이 짧은 순간이지만 나를 미워하는 눈초리가 느껴졌다. 정책 따위나 내놓는, 그야말로 '나부랭이'들이 정무적 판단에 끼어드는 것도 못 마땅한

데, 대표의 뜻을 돌려세우는 '불경'한 일을 했으니 '왕따' 를 자초하는 순간이었다. 그런 이야기는 미리 전략본부 나 비서실 등에 이야기해서 조율하여 피차 당황스러운 일이 없도록 해야 한다.

아차, 싶었지만 이미 엎질러진 물이었다. 내가 멋있 었다는 사람들도 없었던 것은 아니지만, 처음으로 결국 내가 그만두는 순간이 올 거라는 생각을 했다. 한참 지난 후의 일이지만, 실제로 그렇게 되었다.

'한반도 신경제지도'라는 제목은 당 대표가 지었다. 실무적으로 자료를 모으고, 최종 정리까지 맡은 이는 당 시 당대표 연설문을 맡았던 신동호가 했다. 대통령 당선 이후, 그는 연설비서관으로 청와대에 입성해 많은 사람 들이 떠나는 시절까지 그 일을 하게 되었다.

내가 최종 결과에 손을 댄 것은 한국과 북한을 연결 하는 수많은 가상의 선들 가운데 새만금에서 출발하는 선 하나를 지워달라고 신동호에게 부탁한 일이다. 나를 기억하는 후배들에게 너무 욕먹을 것 같으니 좀 봐달라 고 했다. 나를 '새만금 싸움'으로 기억하는 수많은 환경 운동가들이 우석훈이 민주당과 일하더니 변했다고 할 것 같았다. 아니, 멀리 갈 것도 없다. 당장 집에 가서 아내에게 터질 일이 겁났다. 나중에 민주당 전북도당에서 난리가 났다고 한다. 왜 새만금이 빠졌느냐고.

한반도 신경제지도는 2016년 총선을 거치면서 살아남았고, 대선에서도 핵심 공약이 되었다. 인생은 길어서 좋은 일인지 나쁜 일인지 판단하기에는 아직 이르다. 하여튼 민주당을 떠나고, 더 이상 공직을 맡지 않기로 결심하는 데 그날이 발단이었다는 것만은 분명하다.

몇 년 동안 정세균과 가깝게 지내면서도 그는 나에게 한 번도 싫은 소리를 한 적이 없었다. 그런데 당대표 8.15 축사로 한반도 신경제지도가 발표되고 나서는 딱 한 번 뭐라고 했다.

- 우 박사, 내용도 좋고 훌륭한데, 나에게도 기회를 줬어야 하는 거 아닌가?

수많은 회의를 함께하면서 이리저리 방향을 모색하던 처지에 그가 섭섭하다고 말했다. 이래저래 상처만 남은 사건이 되었다.

그 프로그램에서 지금도 아쉬움이 남는 것은 고속도로에 'A1'이라고 표시된 아시안 하이웨이를 좀 더 명확하게 넣었으면 하는 것이다. 북한 경제의 전면적인 개방은 어렵더라도 국제 프로그램으로 진행된 북한을 통과하는 도로 정도는 조심스럽게 접근하면 현실로 이어질 가능성이 있다. 아쉽게도 현실로 등장하는 순간, 도로 대신 철도로 이야기가 커져버렸다. 철도는 북한의 전면 개방이나 다름없는 이야기인데, 경제만 먼저 조금씩 협력을 시작한다는 본래 취지와는 너무 다른 곳으로 가버렸다.

가끔 경부고속도로를 운전하다 A1 표시를 만나면 그 시절이 잠시 생각난다. 아침에 서울에서 출발하면 A1 도로를 따라 저녁 전에 블라디보스톡에 도착할 수 있다. 북한을 관통하는 도로 중간에서 김밥 먹고 주유할 수 있는 핀 포인트 2~3개만 만들어주면 별 무리 없이 통과할 수 있다. 북한에는 현금을 송금할 수 없으므로 농촌 지역과 낙후 지역의 태양광 발전기 설치와 같은 인도적 지원으로 서로 상계할 수 있는 방법을 찾을 수 있다. 우리 아이들과 함께 그렇게 집에서 출발해서 유럽까지 갈 수 있는 날이 언젠가 올까?

7

공공부문 청년 일자리
- 정책의 진정성

책 도입부에 나온 정세균과 소주 한잔하던 날이 한반도 신경제지도를 발표하고, 내가 구석으로 몰린 그즈음이었다. 도대체 내가 왜 여기서 욕을 먹어가며 일해야 하는지 몰랐다. 제대로 된 정책 라인을 만들어보자고 정세균, 윤호중과 함께 상근직 박사 여러 명을 뽑아놓은 상황이니 그만둘 수 있는 형편도 아니었다. 정작 나는 눈치 없이 나댄다고 더럽게 욕을 먹고 있었다.

집에서 여의도로 출근하는 길에 강변북로를 지난다. 내부 순환도로에서 강변북로로 넘어갈 즈음에 라디오에서 빌리 조엘의 〈피아노맨〉이 흘러나왔다. 그 노래의 가사를 자세히 들은 것은 그때가 처음이었다. 빌리 조엘을 유명하게 만든 노래이자 실제 있었던 일이다. 그는 노래에 나온 웨이트리스와 실제로 결혼하고 이혼했다. 무명 시절, 노래를 너무 잘 불러서 조엘을 보러 사람들이 술집에 많이 왔나보다. 그때 피아노에 놓인 동전통에 누군가 돈을 넣으며 이렇게 말한다.

- Man, what are you doing, here?

이봐, 자네는 왜 여기서 이러고 있지? 피아노를 이렇게 멋지게 치고 노래도 근사하게 하는데 이런 선술집에서 뭐하고 있느냐는 의미일 것이다. 노랫말을 음미하는데, 운전하다 말고 눈물이 끝없이 쏟아졌다. 2002년 한국시리즈에서 LG트윈스 투수 이상훈이 삼성라이온즈 이승엽에게 동점 스리런 홈런을, 마해영에게 끝내기 홈런을 연타석으로 맞은 적이 있었다. 라디오로 중계를 듣다가 한남대교에서부터 눈물이 나기 시작해서 남산 1호 터널 근처에 차를 세우고 한참 울었다. 야구도 야구였지만 총리실 시절, 사는 게 힘들어서 눈물이 난 것 같다. 그때 운전하다 울고, 10년이 넘은 그때 빌리 조엘의 〈피아노맨〉을 들으며 그렇게 눈물이 났다.

이래저래 고민이 커진 어느 날, 정세균이 동네에서 술 한잔하자고 해서 처음이자 마지막으로 술을 마시게 되었다. 그날, 정세균은 정권 교체에 실패하면 자기와 세계 일주나 가자고 했다. 그는 나에게 줄 수 있는 것이 없었고, 나도 그에게 달라고 할 것이 없었다. 가끔 진심이 돈이나 권력보다 값어치 있다고 얘기하는데, 그날 그런 마음을 느꼈던 것 같다. 그저 친구와 잠시 뭔가를 도모한다는 생각이 들었다.

그때부터 2016년 4월 총선까지, 나와 정세균은 미친 듯 달렸다. 그렇게 해서 처음 같이 만든 게 공공부문 청년 일자리 정책이다. 정세균이 처음 제안했다.

– 우리 아들이 말이에요. 취업을 못해요. 계속 미역국이야. 그렇다고 내가 뭘 해줄 수도 없고. 우리 진짜 청년 대책 한번 만들어봅시다.

정세균은 좀처럼 가족 이야기를 하지 않는다. 그게 그의 아들에 대해 처음 들은 날이었다. 부인은 남편이 아들을 위해 뭔가 하면 좋겠는데, 그는 들은 척도 안 했다. 그래서 부인하고도 별로 좋은 상황이 아니라고도 했다.

물론 공적인 일자리를 만들어보자는 논의는 그날이 처음은 아니다. IMF 시절 대량 실업과 경기 위축으로 정부가 긴급하게 돈을 풀어서 산 가꾸기 등 간단한 일을 하고 월급을 주는 정책 사업이 시작되었다. '자활'이라고 불렀다. 우리나라의 복지기본법에 해당하는 국민기초생활보장법이 1999년에 만들어지는데, 여기에 자활이 주요 항목으로 들어가 법적 지위를 갖는다. IMF라는 특수 상황에서 취약계층 고용을 놓고 새로운 시도가 생겨났다.

1998년 11월에 IMF 경제 위기가 터지고, 12월 대선에서 DJ가 당선되었다. 대통령인수위가 구성되고, 여러 경로로 시급한 대책을 모색하던 시기였다. DJ가 정계은퇴를 하고 영국 캠브리지에 머물던 시절이 있었다. 공교롭게도 그때 안식년을 캠브리지에서 보냈던 고려대학교 김균 교수가 DJ 옆집에서 지내고 있었다. 부산 출신인 김균 선생이 이래저래 이웃사촌으로 인연을 맺게 되었다. 그때 외교부가 영국 현지 공관을 통해 DJ에게 많은 도움을 준 것 같다. 이후 외교부에게 통상 기능을 넘겨주면서 통상교섭본부가 생겨났다는, 그야말로 뒷얘기가 돌아다니던 시절이다. 김균 교수, 그리고 나중에 노무현 캠프에서 경제를 총괄한 유종일 같은 사람들이 학계의 의견을 정부에 전달하는 역할을 했다. 많은 사람들이 새로 출범한 DJ 정부에 가장 무서운 것은 실업으로 인한 폭동이라고 의견을 냈다. 현대그룹에 있던 나 역시 비슷한 의견을 냈다. 국가 위기 상황이라는 특수한 여건이 자활 같은 정책을 법적으로 뒷받침하는 분위기를 만들었다. 미국에서는 클린턴 행정부 시절에 '생산적 복지'라는 개념이 유행했다. 일을 하면 그보다 많은 돈을 주겠다는, 고용과 복지를 연결시키는 정책이었는데 찬반이 극렬하게 갈렸던 게 생생하다.

이후, 공공부문 일자리는 새누리당도 공약으로 내며 그리 특별한 정책이 아니게 되었다. 공공부문 청년 일자리 정책은 이것을 청년 정책으로 범위를 좁히고, 비정규직이 아닌 공사나 공단 같은 공공부문 전체의 정규직으로 하자는 것을 기본으로 삼는다. 처음부터 내가 제안한 것은 아니고, 청년 정책을 검토하던 실무 연구진들이 나에게 결론이라며 들고 온 내용이었다. 어차피 청년 고용으로 실효성 없는 돈을 수십조 원씩 쓰고 있었다. 현장에서도 실효성 있다고 평가하지 않았다. 그 돈을 허공에 날리느니 몇 명이라도 안정적인 일자리를 만들면 몇만 명의 인생은 확실하게 좋아지지 않겠느냐가 실무진의 의견이었다. 나는 '진정성'이라는 표현을 좋아하지 않지만, 시간강사와 시민단체 활동으로 오래 함께했던 사회학자 김정훈과 경제학자 백운광의 '진정성'이 만들어낸 기술적 결론이다. 몇 사람 인생이라도 확실하게 도움을 주자, 그걸 위해서라면 실무진이 밤을 새워서라도 뭐든 하겠다고 말했다. 내가 실무진을 설득한 게 아니라 실무진들이 나를 설득한 경우다.

나는 실무진에게 정책으로서 유용성을 갖고 있을지는 몰라도 민주당 내부의 반대를 넘어설 수 없어서 현실적 유효성을 확보하기 어렵다고 말했다. 당시 새정치민주연합은 안철수가 일종의 창립주주 같은 위치에 있었는데, 그는 국회의원 수를 줄이는 것을 '새정치'의 핵심으로 생각하고 있었다. 당연히 국회의원 증원을 싫어하는 것만큼 공무원 증원도 싫어했다. 안철수만 그런 것도 아니다. 나를 민주연구원 부원장으로 임명한 당시 민병두 원장도 공무원 수는 줄여야 한다고 생각했다. 이유는 안철수와는 다르다. 국민연금 등 재정의 미래를 생각할 때 공무원 숫자가 늘어서 공무원 연금이 늘어나는 것이 국가 재정을 위태롭게 한다는 생각을 갖고 있었다. 당시 정책위에서 고용 분야 정책을 담당하던 은수미도 반대였다. 사회적 논의라는 먼 곳까지 가기 전에 민주당 내부를 통과하는 것조차 어려운, 아니 불가능해 보였다.

이제와 돌이켜보면 초기 논의에서 공공부문에서 청년 고용을 늘리자는 생각에 찬성한 사람은 문재인, 정세균, 그리고 당시 전략기획을 맡았던 진성준, 이렇게 세 명이었다. 초기에 진성준은 다른 사람처럼 반대였는데 "정책으로서 한 번 붙어볼 만하다고 생각해요"라며 전략적 선택을 했다. 정책과 공약은 가급적 사회적 맥락에서 결정적 차이가 있는 게 좋다. 그리하여 격렬한 논쟁이 벌어질 수 있는 것이 공약의 조건이다. 모두가 옳다고 생각하는 정책은 효과적인 공약이 되기 어렵다. 야당은 더욱 그렇다. 일반적으로 여당은 정부의 장기 계획을 그대로 가지고 오는 경향이 있다. 여당에게 압도적으로 유리한 상황에서 굳이 사회적 논란을 만들면서까지 새로운 공약을 개발할 필요가 없다. 그들이 게을러서 그렇게 된 게 아니라는 얘기다. 야당은 다르다. 정부의 일을 뒤집는 것이 기조이지만, 그렇게만 하면 미래에 대한 준비가 없어 보인다. 세상은 계속 변하고 날카로운 정책이 필요하다.

청년고용 정책은 여론조사도 실시했다. 청년실업을 완화시키기 위해 공공부문 취업을 하겠냐고 물어보면 찬성이 80퍼센트 가까이 나온다. 보수적인 지역들과 60대 이상에서도 높게 나온다. 그런데 공무원을 늘려도 되느냐고 물어보면 80퍼센트가 반대한다. 청년을 위해 공기업 일자리를 늘리는 것은 찬성이지만 공무원 숫자를 늘리는 것은 반대한다. 국회의원 정원을 늘리는 것도 그 정도 반대가 나온다. 그만큼 우리나라는 정치와 국가에 대한 혐오가 강하다.

이처럼 극심한 반대가 예상되어서 나는 주저했다. 그사이 실무진은 말 그대로 밤을 새웠다. 소방직의 수요 부족과 교사직의 예상 수요 등 현재 충원되었어야 하는데 정원동결로 비정상적인 일자리 수를 추정했다. 원래 보수 정부에서도 공무원 충원계획을 갖고 있었다. 공공서비스가 점점 늘어나면서 늘리지 않을 수 없는 상황을 정부도 알고 있었다. 그러나 계획에 그칠 뿐, 사회적 반대에 부딪혀 제대로 충원하지 못했다. 최대치로 잡으면 120만 명, 적어도 100만 명까지는 기존의 청년예산을 재조정하면서 어느 정도는 수용 가능한 범위라는 게 실무진의 판단이었다.

 - 아이고, 내가 무슨 영광을 보겠다고 이 많은 사람들과 싸우겠다는 거냐. 이거, 어려울 것 같다.

연구원들과 소주 한잔하며 선회의 뜻을 보였다. 분위기가 싸했다. 사회학자인 김정훈이 말했다.

 - 우 박사, 너나 나나 이 자리에 얼마나 있겠냐. 우리가 만드는 정책, 결국 현장에 가면 하나 마나 있으나 없으나, 그렇게 될 거야. 하지만 이건 달라. 젊은 사람 몇십만 명 인생은 확실히 바꿀 수 있어. 그들이 우리에게 고마워하지는 않겠지만 그래도 이건 보람 있잖아. 내가 사회학자로 평생을 살면서 남한테 진짜로 좋은 일 해볼 일이 또 있겠냐?

정책이 누군가의 삶을 도와주는 일이 얼마나 될까? 생각보다 많지 않을 것이다. 도움을 준다고 해도 인생이라는 긴 시간에서 경미한 경우가 대부분일 것이다. 전기요금을 조금 올리거나 내리면 그때는 커 보이지만 그렇다고 인생을 바꿀 정도는 아니다. 그런데 공공부문 청년 일자리는 직접적인 효과를 자아낸다. 정말로 몇 사람 인생은 확실히 변한다.

예전에 정책이란 대상자의 숨결이 느껴지도록 만들어야 한다는 얘기를 종종 들었다. 대상에 대한 충분한 관찰과 애정 없이 정책을 만들면 책상 바깥으로 나가지 못한다.

나와 같이 일하던 박사들은 나에게 직을 걸라고 했다. 돌아버리겠네!

그렇게 실무진에서 계산한 수치를 들고 정세균을 만난 것은 어느 이른 아침 경복궁 근처 프랜차이즈 카페였다. 그는 수치를 좀 줄이자고 했다.

- 정책이 말이야, 아무리 좋아도 반대하는 사람이 많아요. 그럴 때에는 좀 더 현실적으로 보이기 위해 규모를 줄여서 반대 크기도 줄이는 수밖에 없어요. 80만 명 정도로 줄입시다.

그날, 정세균은 새천년민주당 제2정책조정위원장 시절 이야기를 들려주었다. 그가 정책위의장도 아니고, 당대표도 아닌, 진짜로 정책 실무를 맡은 재선의원 시절에 이루어진 의약분업 이야기였다. 자기는 의약분업이 맞는 방향이라고 생각해서 밀고 나갔다고 했다. 자기 말고는 당에서는 모두 반대했는데, 결국 역사는 그쪽으로 갔다고 했다.

청년 고용 대책은 사회적 경제와 민간부문 고용 대책을 묶어서 청년 완전고용 정책으로 디자인할 생각이 있었다. 당시 당대표는 사회적 경제에 대해 관심이 컸고, 그쪽에서도 종합대책을 만들어달라고 부탁했다. 하지만 청년 '완전고용'이라는 용어까지 관철시킬 자신은 없었다.

그 시절 일본은 아베가 괜찮은 것과 이상한 것 등 이념적으로는 통일되지 않은, 그야말로 할 수 있는 건 모두 하면서 사실상 청년 완전고용 상태를 만들어 놓았다. 방학이면 한국 학생들이 일본 편의점으로 아르바이트를 하러 가는 상황이었다. 전체를 완전고용으로 만드는 것은 쉽지 않지만, 청년으로 범위를 좁히면 불가능할 것 같지 않았다. 미국도 이후 트럼프 초기와 중기에 거쳐 현실적으로 완전고용 상태에 가깝게 경제가 운용되었다. 그 시절 독일 경제도 아주 좋았다. 국가 브랜드 가치가 처음으로 미국을 뛰어넘었다. 대략적으로 5퍼센트 내외의 실업률이었는데, 통독 이후로 가장 낮은 실업률이어서 독일에서는 현실적 완전고용으로 생각했다. 영원한 완전고용, 그런 건 교과서에만 있는 개념이지만, 일시적으로라도 청년 완전고용을 달성하는 게 불가능하지는 않다고 생각했다.

— 문재인이 이걸로 대통령 되겠네.

프랜차이즈 카페에서 마셨던 평범한 커피 한 잔이 오랫동안 기억에 남는 것은 정세균이 이 공공부문 고용정책으로 대선을 치를 준비가 되었다고 얘기했기 때문만은 아니다. 어쩌면 나야말로 정세균을 살짝 무시하고 있었는지도 모른다고 생각했다.

— 하나만 더 있으면 확실할 텐데.

정세균이 이야기한 브랜드 공약의 기준을 청년 고용은 만족시켰다. 그래도 한두 개만 더 만들어보라고 했다. 돌아삐리! 그가 예전에 쓴 책이라며 『99퍼센트를 위한 분수경제』를 준 적이 있었다. 2011년에 나온 책인데, 아주 나중에야 들여다보았다. 정세균이 무슨 책을 써, 그런 생각이 들었던 것 같다. 나중에 펼쳐본 책에는 '공공부문의 고용 들여다보기'라는 제목의 구절이 있었다.

따라서 이제 안정적인 좋은 일자리를 창출하기 위해서는 공공부문이 과감하게 나서는 것을 고려해야 한다. 그런데 사실, 현재 상황에서 공무원 수를 늘리자는 데 찬성하는 사람들은 그리 많지 않을 것이다. 우리나라 사람들은 열심히 일하지 않고 빈둥거리는 공무원들을 연상하면서, 공공부문이 방만하다고 지레 짐작하는 경우가 많다. 이는 물론 공무원들의 서비스 태도가 태만하거나 불친절한 탓이기도 하지만, 조금 더 들여다보면 그것은 오히려 인원 부족이나 인원 배분의 잘못에서 비롯되는 결과적인 측면일 가능성이 더 높다고 할 수 있다."(69페이지)

아이고, 2011년에 정세균은 우리가 하려는 것을 규모 계산만 안 했을 뿐 이미 책에 써놓았었다. 그 시절에는 그 책을 안 읽은 까닭에 수많은 반대에도 불구하고 정세균이 왜 이 정책을 끝까지 방어했는지 알 수 없었다. 쉬운 길을 어렵게 가기, 그 시절의 내가 그랬다. 자신이 쓴 책이라며 나에게 주었지만 이런 내용이 상세히 적혀 있을 줄은 몰랐다.

내부적으로 최종적으로 마무리하고, 당 입장으로 관철시키기 위해 나는 피투성이가 되었다. 매일 싸우고, 매일 도와달라고 머리 숙였다. 그 중 가장 미안한 사람이 민병두다. 당 전략위원회 회의였던 것 같다.

- 인구가 줄어서 학교도 폐쇄하는 마당에 무슨 학교에 추가 인력이 필요하다는 겁니까?

- 그러니까 인구가 조금이라도 덜 줄이도록 노력해야죠. 인구가 준다고 학교 줄일 생각만 하는 게 말이 됩니까? 덜

줄게 하는 게 정치 아닙니까?

내부 회의에서는 가끔 소리 지른 적이 있는데, 현대 시절을 포함해서 지금까지 공식 회의에서 딱 한 번 소리 지른 게 그날이었다. 민주연구원 원장은 민병두. 부원장이었던 내가 소리를 질렀으니 사람들이 한심하게 봤을 것이다. 민병두는 지난 총선에 공천 문제로 당을 떠났다. 그래도 가끔 보고 술잔을 기울인다.

정세균이 생각한 대로 공공부문 청년 고용 공약은 2016년 총선의 당 대표 공약이 되었고, 대선에서 문재인을 상징하는 공약이 되었다. 공약을 보완하기 위한 사회적 경제와 민간부문 정책이 패키지로 움직였어야 한다는 아쉬움이 지금도 남아 있다. 하지만 그다음 단계를 더 얹기에는 상처를 많이 받았다. 무엇보다도 안철수와 문재인의 갈등이 절정으로 치닫고 있었다. 문재인 당대표의 공약으로 만든 유능한 경제정당 위원회가 다음 당대표 시절에도 존속될 수 있을까, 그런 이야기가 나오기 시작했다.

8

그 이야기는
선거나 이기고 하자고,
증세 문제

　　그 시절 유경위 위원회에는 조세분과가 있었고, 당시 홍익대학교 김태유 교수가 참여하고 있었다. 우리는 대부분 증세가 필요하다는 데 동감했고, 특히 기본적인 세원 파악도 안 되던 전월세 등 임대주택과 주식시장 사이의 균형 같은, 누구나 말하지만 손대기 어려운 문제의 해법을 찾아야 한다는 데 개괄적으로 동의하고 있었다.

　　김태유는 문재인 정부 출범 후 조세 문제의 핵심으로 들어갔고, 결국 조세연구원장이 되었다. 그가 나에게 개인적으로 부탁한 것은 딱 한 번이었는데, 회의 진행이 너무 힘들다고 어떤 인사 한 명을 다른 분과로 옮겨 달라고 했다. 나는 그 부탁을 들어주지 못했다. 좌파든 우파든, 경제학자들끼리는 서로 대화하는 방식이 있다. 학부시절부터 오랫동안 논쟁에 익숙하다 보니까 넘을 선과 넘지 않을 선을 적당히 지킨다. 수많은 논쟁을 매번 근본부터 새로 시작할 수 없으므로 더 근본적인 것에 대해서는 언급을 피한다. 케인즈가 옳았느냐 옳지 않느냐, 그 이야기를 하면 밤을 샐 수밖에 없다. 그래서는 대화할 수 없다. 마르크스의 가치론은 잘못된 것 아니냐, 이것도 밤 샐 얘기다. 지금은 기본소득의 대표적 이론가로 자리 잡은 한신대 강남훈 교수가 이 가치론으로 학자 생활을 시작했다. 나는 학부 4학년 때 그가 쓴 가치론 논문이 너무 너무 재밌어서 결국 프랑스 유학을 결심했었다. 이제 와서 그 이야기가 옳으냐 그르냐, 그게 무슨 의미가 있나?

고故 정운영은 글에서만큼은 한국에서 가장 유명했던 경제학자였을 것이다. 경제학자 가운데 글로 유명해진 사람은 『한국 경제의 전개과정』을 쓴 박현채와 정운영, 두 사람이었다. 정운영은 가치론으로 제대로 된 책을 쓰고 싶어 했다. 그러나 건강 악화가 너무 빨랐고, 《한겨레》에 실은 글을 모은 몇 권의 칼럼집만 남기고 정작 본인 책은 한 권도 쓰지 못했다. 그런 사람들에게 가치론의 의미를 놓고 토론하자는 것은 아무 말도 하지 말자는 것과 같다. 정운영 칼럼이 《한겨레》에 실리는 날이면 경제 부처 장관들과 한국은행 총재가 제일 먼저 읽었다는 얘기가 있었다. 그런 사람들도 정운영과 가치론 논쟁을 하지 않았다. 나중에 정운영을 내세워 〈100분 토론〉이 생겨났고, 그 자리를 유시민이 이었다. DJ가 정운찬을 한국은행 총재로 앉히고 싶어 했다는 전설 같은 이야기도 있다. 그때 그걸 하시지……. 정운찬은 MB 시절 총리를 하며 완전히 스타일 구겼다. 한국 자본주의가 어느 정도 자리를 잡아가던 시절, 경제학자들이 사회적으로 맹활약하고, 정무 라인보다 중요하게 간주되던 시절이 있었다. 그 시절에 우리는 경제 관료들을 '모피아'라고 흉보았는데, 나중에 생각해보니까 경제가 정무 라인에게 밀리지 않은 유일한 시절이었다. 100분 토론을 경제학자가 진행하는 시대, 요즘 그런 때가 있었다고 이야기하면 사람들이 믿지 않는다.

당시 유경위에서 위원으로 활동하다가 국회의원이 된 사람들이 많다. 김태유가 회의 진행이 어렵다고 불만을 얘기했던 양반도 결국 국회의원이 되었다. 위원으로 임명하는 것은 내가 관여할 수 있지만, 빼는 것은 어려웠다. 한 명 한 명이 모두 누군가의 추천을 받고 참여한 것이어서 빼는 것은 큰일이었다.

- 교수님, 스타일 차이로 이해해주시면 고맙겠습니다. 저도 어쩔 수가 없네요.

여의도의 카페에서 나는 김태유의 소소한 부탁을 들어주지 못하면서 미안한 웃음을 지어야 했다. 하지만 내가 그에게 진짜로 미안한 것은 그가 주도해서 만들고, 내부적으로도 길게 갑론을박이 오갔던 세제 개편안을 발표하지 못한 것이다. 정세균도 이 정도면 발표해도 된다고 했고, 당대표 문재인도 자신의 재정정책으로 그 틀을 갖고 가고 싶다고 얘기했던 안이다. 이번에도 두 사람만 지지했다.

- 야당이면 과감하게 증세 얘기도 해야죠. 그래야 정책이 전체적으로 균형을 잡잖아요.

정세균은 틈만 나면 좀 더 과감하게 나가자고 말했다. 이 문제는 한국의 진보 진영의 오래된 숙제다. 기술적으로는 민주노동당에서 출발한 부유세 개념의 연장으로 부유한 사람들에게 더 많은 세금을 내게 할 것인지, 보편적 증세를 통해 전체적으로 세금을 올릴 것인지, 매우 근본적인 논쟁거리다. 여기에 사실상 지하경제와 마찬가지로 제대로 세원 파악이 되지 않는 전월세 등의 소득을 어떻게 세원으로 확보할 것인가, 이런 기술적 논쟁이 붙는다.

- 하지 말자는 게 아닙니다. 그건 집권한 후에 해도 되는 거 아닙니까?

대부분의 정무 라인에서 이렇게 이야기했다.

– 집권하고 어떻게 그걸 합니까? 공약으로 발표하지도 못하는 처지에.

이건 나의 기본 골조다. 사람마다 표현은 복잡하지만, 결국 '하자'와 '지금은 하지 말자'는 논쟁이 다람쥐 쳇바퀴 돌아가듯 공존했다. 이건 논리 문제라기보다 정무 라인과 정책 라인 사이의 힘의 문제다.

– 이걸로 선거 망치면 당신들이 책임질 거야?

이 간단한 논리를 넘어갈 방법이 없다. '하나로'라고 하는 건강보험 개편안이 시민운동 차원에서 진행된 적이 있었다. 모든 국민이 조금씩 건강보험료를 더 내고, 대신 보장성을 높이자는 것이다. 암보험 등 실손보험을 포함해서 우리는 많은 건강보험을 든다. 이런 민간보험이 필요 없을 정도로 건강보험을 충실하게 만들어 궁극적으로는 건강보험 '하나로' 살아가게 하자는 시민운동이었다. 얼핏 들으면 이런 좋은 취지의 시민운동에 누가 반대하겠느냐 하겠지만, 당장 민주노총 등 노조에서 강력히 반대했다. 정부가 지출을 늘리려는 노력을 하지 않고 세금부터 올리겠다는 것은 "적들의 간악한 음모에 빠지는 것"이라며 반대가 보통이 아니었다. '노르딕 모델'이라고 부르는, 스웨덴 등 북구 모델에 좀 더 가까워지기 위해서는 전체적으로 증세가 필요했다.

그 시절이 아마도 정치인 유승민으로서는 전성시대였을 것이다. 그는 지금보다 세금을 더 내고, 복지도 지금보다 더 높이자는 '중부담 중복지'를 들고 나왔다. 2012년 대선 때 박근혜가 경제 민주화를 들고 나왔을 때의 충격이 재현되는 것 같았다. 저쪽에서 이쪽으로 밀고 오면 균형을 잡기 위해서라도 밀려서 가는 수밖에 없다. 최소한 유승민보다는 더 높은 수준의 정책을 만들어야 한다. 만약 박근혜가 당시 새누리당 원내대표를 정적으로 생각하지 않고, 그가 좀 더 버텼다면 김태유가 만들었던 조세개혁 방안을 발표하고, 공약으로 전환했을지도 모른다. 그러나 유승민의 원내대표 시절은 '한여름 밤의 꿈'이 되어버렸다. 나중에 공항에서 보좌관에게 캐리어를 밀어 보낸 '노룩 패스' 갑질로 유명해진 김무성 같은 사람들의 시간이 사라지고 있었다. 새누리당은 점점 박근혜 측근들로 분위기가 바뀌며 증세 얘기를 꺼낼 수 없었다.

- 그건 당신이 나중에 청와대에 가서 하면 될 거 아냐?

정무 라인 중 누군가 내게 한 말이다. 이 말은 나에게도 상처가 되었다. 결국 김태유의 조세개편안은 책상

안으로 들어갔다. 나는 그 시절에도 청와대에 갈 생각이 없었고, 뭔가 화려한 일을 하고 싶다는 바람이 점점 줄어들던 시점이었다. 그 시절에 우리가 만들었던 많은 정책들은 크면 큰 대로, 작으면 작은 대로 발표했고, 당의 기본 입장이 되었다. 어느 정도 형성되었는데도 내려놓은 거의 유일한 계획이 바로 이 증세 방안이었다.

증세 방안을 내려놓으며 나는 마음에 상처를 받았다. 김태유에게 미안하기도 했지만, 동료 연구원들을 볼 면목이 없었다. 당에 들어오고 나서 '경제정책 심화과정'이라는 강의 프로그램을 만들고, 정세균과 함께 위원회를 만들며, 거의 직진으로 달려왔다. 정무 라인에게 막혀서 정책을 책상 속에 다시 집어넣은 것은 처음이었다.

정치라는 건 복잡한 일이다. 나 같은 평범한 사람이 정치의 복잡성을 이해하기란 어렵다. 그 일로 인해 나는 상처를 받은 것이 아니라 오히려 처음으로 당에서 힘을 갖게 되었다.

– 우 박사, 말이 통하는 사람이네.

멱살만 잡지 않았을 뿐, 나와 살벌하게 논쟁했던 사람들의 기분이 좋아 보였다. 다른 경제학자들과 달리 우

석훈은 정치를 이해하고, 여러 가지를 살필 줄 아는 사람
이라는 평가가 생겨났다. 경제학에서 말하는 합리성이라
는 개념과는 전혀 다른, 정치권에서의 '합리적'이라는 평
가가 무엇인지 그때 알았다. 후퇴할 줄 알아야 현명하다
는 것인가?

결과적으로는 좋은 일이 아니었지만, 이 일의 영향
으로 2016년 총선에서 공약단 부단장을 맡게 된다. 당시
단장은 나중에 광주시장이 된 이용섭이었다. 대부분의
정치인은 지역구에 출마하느라고 총선을 지휘할 정신이
없는데 이용섭은 쉬는 중이었다. 내용상으로는 총선 공
약을 총괄하는 위치에 가면서 인생 계획에 없던 총체적
아수라장으로 들어가게 되었다.

그 일 이후, 정세균은 나에게 결국 정치를 해야 한
다는 얘기를 자주 했다. 물론 대놓고 하지는 않았지만,
원외 인사로 정책 라인을 이끄는 것은 한계가 오고, 같이
일하는 사람들도 지키기 힘들다고 했다. 나는 부담스러
웠다. 못 들은 척했다.

9

그냥 파리에 가서
치즈나 사다주세요

2015년 12월 13일 안철수는 새정치민주연합에서
탈당했다. 그가 나갈 것 같은 분위기가 고조되면서 당에
있는 것은 폭우로 물이 불어나는 좁은 계곡에서 버티려
고 노력하는 것과 마찬가지였다. 일상이 의미 없는 논쟁
의 연속이었다. 문재인이 옳다, 안철수가 옳다, 그렇게
새정치와 민주연합은 각자의 길로 갈라서는 시점이 되었
다. 평소 안철수와 친분이 있었던 박영선이 따라갈 거라
고 당직자들이 내기하는 것도 보았다.

유경위 박사들 중에는 안철수를 따라 나갈 사람은
없었는데, 연구원에서는 나간 사람이 있었다. 당직자들
도 남을 것인가 떠날 것인가를 결정해야 했다. 혼돈은 극
으로 치닫고 있었다. 그렇게 모든 것이 불투명한 와중에
국정감사가 열렸다. 당시 정세균은 외교통일위원회 소속
이었다. 일반적으로 해외 공관의 국정감사는 현지에서
진행한다. 출국이 잡혀 있는 어느 저녁, 정세균이 친한
기자들과 점심식사 자리를 준비해달라고 나에게 부탁했

다. 정치인이 기자들을 만나는 것은 일상적인 일이다. 그런데 그날은 점심을 먹기 한 시간 전에 미리 보자는 것이었다. 이제와 돌이켜보면 그 순간이 정세균 정치 일정에 가장 곤란한 결심을 했던 순간이 아니었을까 싶다.

간단하게 상황을 정리하면 안철수 탈당으로 인한 당의 분당을 막기 위해 민주당 원로들을 대표해서 자신이 기자회견을 하겠다는 것이다. 당대표에게 무언가를 하라고 촉구하는 것인데, 표현은 그렇게 안 했지만 대표 사퇴를 염두에 둔 내용 같았다. 아무리 그래도 당대표에 맞선 기자회견은 부담스러워서 기자 오찬 정도로 부드럽게 하려고 한다, 그런 내용이었다. 이게 내가 본 정세균의 두 번째 정계 은퇴 위기였다. 그렇게 그는 점심에 기자들에게 입장을 밝히고 저녁에 국정감사를 위해 출국할 계획이었다.

그가 정말로 그렇게 할 생각이었는지, 아니면 그 정도로 답답한 심경이라는 것을 우리에게라도 말하고 싶었던 것인지 속내는 모른다. 하여튼 우리 박사들은 모두 정세균을 말렸다. 정세균은 본인이 안철수를 따라가지도 않겠지만, 그래도 그를 붙잡고 당을 유지해야 정권 창출의 기회가 있다고 생각한 듯하다. 그걸 위해 자신도 정계 은퇴라는 배수진을 치고 말해야겠다고 결심한 것이다.

－ 그냥 점심 맛있게 드시고, 파리에 가서 치즈나 사다주세요.

젊은 박사들이 완강히 반대하자 정세균은 난감한 표정을 지었다. 그때 내가 치즈나 사다 달라고 말했다. 몇 달 전, 윤호중이 파리에 출장을 다녀오면서 꽤 괜찮은 노르망디산 치즈를 사다준 것이 생각나 말한 거였다. 몇 초 동안 정세균 얼굴을 뚫어지게 쳐다보았다.

－ 우 박사가 이렇게 얘기하는데, 그냥 치즈나 사러 다녀올까?

나이 많은 사람들의 결심은 우리의 결심과는 달라서 누군가 열정적으로 말리면 흔들리는 속성이 있는지도 모른다. 그게 아니라면 그는 너무 답답해서 뭔가를 결심했지만 그래도 누가 말려주기를 바라면서 얘기를 꺼낸 것인지도 모른다.

회의 직후 열린 기자 오찬은 진짜 편안하게, 말 그대로 밥만 먹는 자리가 되었다. 기자 중에서는 큰 발표가 있다고 귀뜸을 받은 사람도 있었던 것 같다. 특별한 얘기는 없느냐고 물어보는 사람도 있었지만, 정세균은 "그냥 고마워서 한번 모신 자리"라고 대답했다. 그 자리에서

다크 히어로의 탄생

기자들은 주로 오세훈의 종로 출마를 이야기했다. 정세균은 한물간 정치인이고, 이제 힘이 예전 같지 않다는 세평이 돌고 있었다. 민주당이 워낙 인기가 없던 시절이라 오세훈은 좀 더 편한 곳에서 국회 재입성을 노릴 수 있었을 텐데, '정치 1번지'로 불리는 종로에서 정세균을 꺾고 인상 깊은 정계 복귀를 생각했던 것 같다.

그렇게 정세균은 기자회견 같은 개인적인 의사표명을 접고 출국했다. 나는 치즈 정도면 충분히 고맙다고 생각했는데, 루악 커피를 선물 받았다. 내가 동물애호가는 아니지만 생태적인 이유로 동물학대라고 비난받는 커피를 마시기는 좀 그랬다. 아내 눈치에 열어보지도 못하고 캐나다 출신 태권도 사범에게 선물로 갔다.

안철수의 탈당 발표 직전, 현대 시절 나를 그 자리에 앉아 있게 한 장본인이자 나의 첫 번째 상사였던 이계안이 탈당할 거라고 누가 귀띔해주었다. 저녁 9시, 플라자 호텔 커피숍에서 정세균과 이계안이 만나도록 주선했다. 두 사람 사이는 별로라고 알고 있었다. 어지간해서는 다른 사람에게 부탁하지 않는 정세균이 이계안에게 "당에 남으면 본인이 할 수 있는 최선을 다해서 도와주겠다"고 했다. 이계안은 섭섭하다는 말 등 특별한 말을 하지 않고 잘 생각해보겠다고만 했다. 당직자로서 내가 이계안에게 해줄 수 있는 최대한이 정세균이 뭔가를 약속하는 자리를 만들어주는 정도라고 생각했다.

며칠 후, 안철수가 탈당하고 공개 모임을 가졌다. 그 옆에 이계안이 있었다. 정세균에게는 따로 문자가 왔다고 했다. 그 이야기를 전하며 너무 섭섭하지 않게 이계안과 종종 연락을 하고 지내라고 했다. 이계안은 다음 총선에 고향에서 나와서 낙선했다. 그리고 다시는 정치를 하지 않았다. 가끔 그와 차 한 잔 마신다. 2020년 7월에는 뜬금없이 커피 한잔하자며 우리 집 앞으로 온 적이 있었다. 내가 너무 외로워 보인다는 거였다. 두 아이와 복닥복닥거리는데 외로울 틈이 없다. 정치인에 관한 첫 책이 이계안이었고, 두 번째가 정세균이다. 그렇게 서로의 운명이 플라자 호텔 커피숍에서 엇갈리게 되었다.

극한의 혼돈기가 한동안 지속되었다. 정책위의장이었던 최재천도 결국 그만두었다. 그 무렵 최재천은 밤 9시쯤 인사동에서 보자고 자주 연락을 해왔다. 그렇게 늦은 밤까지 술을 마셨다. 정책을 따로 이야기할 상황은 아니었고, 진짜로 그냥 술만 마셨다. 며칠을 계속 고민하던 그는 안철수에게 가지 않았고, 정치를 그만 두었다. 죽일 놈, 살릴 놈, 그렇게 서로 싸웠어도 그저 사람일 뿐이다. 2012년에서 2015년 12월까지, '새정치'라는 용어가 민주당 주변에서 매우 중요한 단어였던 시절이 있었다. 새정치가 사라지는 순간, 민주당에 있던 사람들은 모두 안철수를 지지할 것이냐, 문재인을 지지할 것이냐 선택을 내리지 않을 수 없었다. 누구를 선택했느냐에 따라서, 단순히 인생의 앞길만이 아니라 정신건강의 세계에도 매우 큰 변화가 생겼을 것 같다.

안철수가 떠난 후, 곧 당대표가 사퇴할 것이고, 누가 비상대책위원장이 될 것이냐를 놓고 물밑에서 수많은 흐름이 있었다. 나도 대표의 메신저로 몇 사람을 만났다. 경제 전문가로서 정치에 대한 이해도가 가장 높은 장하성이 1순위였다. 장하성을 만나 메시지를 전하기 위해 고려대학교에 가면서 별의별 생각이 들었다. 문재인 정부의 초대 정책실장으로 장하성이 되었을 때, 그럴 법하다는 생각이 들었던 것은 문재인이 비대위원장으로 밀었던 사람이 장하성이었기 때문이다. 당대표로도 생각했는데 정책실장이 대수일까. 그때 장하성은 안철수 이야기는 거의 하지 않고, 천정배와의 우정, 광주에서 젊은 사람들로 물갈이해야 한다고만 말했다.

새정치민주연합은 사라지고 비대위와 함께 새로운 국면이 시작되던 순간, 촛불집회라는 거대한 사건이 1년 후에 시작될 거라고 생각한 사람은 없었다. 봄이 되면 시작될 총선 결과도 알지 못했다.

앞으로 정세균이 어떤 일을 더 해낼지 모르지만,
그가 했던 일 가운데
대한민국의 역사를 조금이라도 바꾼 일이 있다면
민주당 대표로 2010년 지방선거를 치르며
제시했던 '정책'을 꼽고 싶다.
비록 그 선거에서 민주당은 서울시장 자리를
오세훈에게 내주었지만,
인천 등 지방자치단체에서 약진하면서
이후 집권으로 이어진 결정적 교두보를 만든
선거였다.

선거가 가까워지면 많은 사람들이

정책과 공약 사이에서

'브랜드 공약'을 찾아 헤맨다.

머리가 좋으면 만들 것 같지만,

좋은 공약은 쉽게 만들어지지 않는다.

비슷비슷해 보이는 수많은 공약 사이에서

우선순위를 정하는 것도 미묘한 일이다.

선거는 바람이 결정하지만,

정책의 방향은 공약이 결정한다.

정세균은 선거도 잘하지만,

공약 설계에서는 가히 테크니션이다.

지금도 노회찬을 생각하면 양산 집에서 칩거 중이던
문재인과 등산로를 내려오며 보았던 장면이 떠오른다.
노회찬과는 나이와 상관없이 오랫동안 친구로 지냈다.
정세균과는 워낙 오랜 시간을 지내다 보니 친구보다도
친한 사이가 되었다. 문재인은 두 사람과는 약간은 결이
달랐다. 친구 노무현을 먼저 떠나보낸 사나이,
그 아픔은 문재인에게 여백과 사색의 공간을 많이
허용하지 않았다.

3장

다크 히어로의 탄생

사회적 경제는
좌우를 넘는다

새정치민주연합이 더불어민주당으로 이름을 바꾸었고, 문재인은 당대표를 사임하게 된다. 김종인이 비상대책위원장으로 왔다.

문재인 대표 시절, 그가 나에게 부탁한 일은 대부분 처리했다. 참 많은 사람들을 만나서 고개를 숙였고 또 숙였다. 한반도 신경제지도를 만들었고, 청년 정책을 설계했고, 산업대책 등 한 달에 몇 번씩 새로운 정책을 발표했다. 진짜 공장처럼 정책을 만들었다. 탈핵 문제로 한동안 문재인과 동행했던 동국대 김익중 교수도 그 시절 준비했던 강의 프로그램에서 처음 만났다. 그 강의를 같이 준비한 환경운동연합 사무총장이었던 김혜정은 나중에 한국원자력안전재단 이사장이 되었다. 이유는 잘 모르지만, 당내에서 원전 문제에 진짜로 관심을 가졌던 사람은 문재인 밖에 없었던 것 같다. 실무적으로 프로그램을 잘 짰더라면 훨씬 결과가 나왔을 텐데, 그 문제까지 다루기에는 인력이 부족했다.

사회적 경제는 거의 마지막에 온 부탁이었다. 좀 엉성했지만 그래도 총고용의 5퍼센트 수준까지는 갈 수 있을 정도로 내용이 마련되어 있었다. 사회적 경제가 강한 나라에서도 총고용의 10퍼센트까지 도달한 나라는 없었는데, 우리는 농협 빼고 이것저것 빼고 순수하게 계산하면 1퍼센트도 안 되는 수준이다. 좀 더 준비하면 발표해도 괜찮을 수준까지 진도가 나갔었다. 원래 계획된 발표 시점은 2012년 1월이었다. 하지만 당명을 새로 정하고, 새로운 비대위원장이 오는 상황에서 사회적 경제를 밀어볼 공간은 조금도 없었다.

형식이 아니라 정책 내용을 가지고 정세균과 마지막으로 머리를 맞대고 고민했던 정책도 사회적 경제다. 21세기 들어 많은 나라의 정책들이 좌우 구분이 약해지고 서로 섞이는 경향이 있는데, 그중에서도 대표적인 것이 사회적 경제다. 협동조합, 사회적 기업, 마을기업……이런 것들이 각자의 역량과 조건대로 발전하며 자본주의의 약점을 보완해주는 공익적 역할을 한다. 특히 고용에서의 역할이 크다.

우리나라와 일본은 공공부문 고용이 약한 편이라서 10퍼센트가 채 안 된다. 대체적으로 OECD의 많은 국가들이 20~25퍼센트 내외다. 사회적 경제를 최대로 계산하면 10퍼센트 조금 미치지 못하는 수준이다. public and social, 공적 경제와 사회적 경제를 합하면 괜찮은 나라들이 30퍼센트 안팎이 나온다. 다시 말해 국민의 1/3이 정부 혹은 사회 분야에서 일하고, 나머지 2/3는 기업에서 일하는 것이다. 민간기업이 총고용의 2/3 가량을 고용하면 완전고용되는데, 일시적으로는 가능해도 많은 선진국에서는 민간기업이 자국민의 2/3를 고용하지 못한다. 그래서 만성 실업 문제가 생겨난다.

우리나라는 공공부문이 10퍼센트에 미치지 못하고, 사회적 경제도 1퍼센트가 안 되어서 합쳐도 10퍼센트가 되지 않는다. 그렇다면 한국의 민간기업이 총고용의 90퍼센트 이상을 고용해야 한다는 이야기인데, 이건 어렵다. IMF 이전, 한국은 일본의 전통산업을 빠르게 따라잡으면서 '세계의 공장'처럼 움직였는데, 그 시절로 돌아가기란 쉽지 않다. 고용 문제의 취업자들이 스스로 만드는 엄청난 경쟁을 낮추려면 공공부문도 좀 더 늘리고, 사회적 경제도 5퍼센트 가까이 늘려서 실업의 긴장도를 낮춰야 한다는 것이 기본 논리였다.

당은 쪼개졌고, 새로운 당대표인 비대위원장은 아직 결정되지 않은 시점. 2016년 총선의 전운이 막 전개되려는 짧은 평화의 시기에 정세균과 고용의 미래와 사회적 경제에 관한 이야기를 즐겁게 나누었다. 정세균은 호기심이 많고, 모르는 이야기를 새로 생각하는 것을 좋아하는 사람이라는 생각이 들었다. 대부분의 정치인은 표가 되지 않거나 공을 세울 일이 아니면 금방 따분해 한다. 정세균은 달랐다. 해보지 않은 방식으로 논리를 정리하고, 익숙하지 않은 분야의 새로운 이야기를 듣는 것을 좋아했다.

그 시절에 정세균과 고민했던 내용은 나중에 생각해봐도 신선했다. 그걸 정리한 책이 『사회적 경제는 좌우를 넘는다』이다. 국회의장 정세균과 대통령 후보 문재인의 추천사를 받았다. 공교롭게도 출판이 늦어져서 실제로는 대통령 당선 이후에 책이 배포되었다. 그때 알았는데, 대통령은 내규에 의해 책 추천사를 달지 못하게 되어 있단다. 다행히 이 책은 후보 시절에 추천한 거라서 겨우겨우 가능. 책 판매는 그닥이었지만, 사회적 경제라는 주제를 감안하면 해당 분야의 기본 교과서로 자리 잡았다. 나중에 EBS에서 이 책으로 7회에 걸쳐 강좌를 갖기도 했다.

나에게 이 책은 정세균과 함께 문재인을 돕던 시절의 추억이다. 불행히도 문재인 정부에서 경제 고위직을 맡은 사람들은 사회적 경제를 잘 모르거나 반감을 가졌다. 대대적 캠페인은 일어나지 않았고, 사회적 경제 기본법은 국회를 통과하지 못하고 있다. 19대 국회 후반부, 국회와 기획재정부가 기본법 통과에 합의했는데, 그때 최순실이 법 통과를 막았다는 후문이 있다. 자기를 도와주던 의사들을 돕기 위해 의료선진화와 사회적 경제를 같이 통과시키자고 제안했다는데, 도저히 같은 무게로 다룰 수 없는 서로 다른 법이었다. 그 뒤에 최순실이 있다는 소문을 들었지만 새누리당과 청와대에서 벌어지는 일이라 확인하기 어려웠다.

양산 가는 날

당대표를 사퇴하고 한동안 인재 영입에 주력한 문재인은 양산으로 내려갔다. 당대표실에서 일하거나 대표의 측근들도 상당수 당을 떠났다. 이제 비서실을 통해 편하게 정책을 보고하거나 협의하기 힘들어졌다. 당대표와 직접 통화해야 하는 시간이 많아졌다. 전화로는 이야기하기 힘든 일도 생겨서 결국 양산을 찾게 되었다. 이 이야기가 지금 다시 생각나는 것은 노회찬과의 추억 때문이다.

"오늘 발표하는 '더불어성장론'은 하늘에서 뚝 떨어진 이론이 아닙니다. 더불어성장론은 오늘 이 자리에 참석하신 김종인 비대위원장님의 '경제민주화론', 문재인 전 대표의 '소득주도성장론', 그리고 제가 주장했던 '분수경제론'을 이어받으면서 저성장이라는 새로운 국제적 경제 환경과 수출과 내수의 동시 부진에 시달리고 있는 한국경제의 현 상황을 반영하여 시대에 맞게 새롭게 업그레이드한 경제정책이며 성장론입니다. 또한 더불어성장론은 국제적 합의에 기반한 성장론입니다. 2008년 금융위기 이후 OECD를 비롯한 국제기구 및 세계의 석학들은 낙수효과에 기반한 기존의 성장론이 불평등할 뿐 아니라 성장을 낳지도 않는다는데 인식을 같이하고, '불평등 해소'를 통해 성장을 모색하는 '포용적 성장'을 제안하고 있습니다. '더불어 성장'은 이러한 국제적 합의에 입각한 성장모델입니다."

- 2012년 2월 1일, '더불어성장론' 기자회견 중 정세균 인사말

2016년 총선을 준비하며 전체적인 정책 기조를 새롭게 만들었다. 2월 1일 비대위원장 김종인이 인사하고, 정세균이 기본 내용을 설명하는 형식으로 기자회견이 열렸다.① 전체를 총괄하는 문패는 막 출발한 더불어민주당의 이름을 따서 '더불어 성장'이라고 잡았다. 이름이 무엇이든, 총선을 치르려면 전체적인 틀이 필요했다. 이 과정에서 지난한 협의와 동의가 필요했다.

문재인 쪽 사람들은 '소득주도성장'이라는 이름이 맨 위로 가야 한다고 생각했지만, 나는 곤란하다고 생각

①————
2016년 총선, 더불어민주당은 경제 공약으로 '포용적 성장'을 강조하는 경제 정책을 내놓았다. 2016년 2월 1일, 당시 김종인 비대위원장은 국회 비대위원장 회의실에서 정책 기자회견을 열고 새로운 성장 전략인 '더불어성장론'을 발표했다. 기자회견에서 정세균 당시 유능한경제정당위원회 공동위원장은 더불어성장론에 대해 "한마디로 분배와 성장을 잘 조화시키는 것"이라고 표현하며 핵심축으로 공정경제·선도경제·공유경제를 강조했다.

했다. 국제노동기구ILO에서 이 개념을 처음 제안했을 때의 이름은 '임금주도성장wage-driven growth이었다. IMF도 임금 상승이 경제 성장에 장기적으로 매우 중요하다는 보고서를 냈다. 나도 동의한다. 임금을 높이는 쪽이 장기적으로 성장률을 높이는 효과를 나타낸다는 IMF의 시뮬레이션 결과에도 동의한다. 설명도 쉽고 효과도 명확하다. 그런데 이게 한국으로 넘어오면서 비정상적으로 높은 자영업자라는 또 다른 축에 부딪히게 되었다. 결국 노동자와 자영업자를 동시에 만족시킬 수 있는 '소득'이라는 개념으로 바뀌었다. 이 둘은 힘의 방향이 다르다. 한 개념으로 포함시킨다고 해결될 일이 아니다. 무엇보다 현실에서 문제가 발생할 소지가 있다. 기본 개념은 명확하고 부드러운 게 좋다. 임금주도성장은 내용이 명확하지만, 소득주도성장은 현실에서 수많은 일상인들에게 불투명하고 의미 없는 논쟁을 만들어낼 위험이 있다고 보았다. 게다가 이건 전체를 총괄할 수 있는 이름이 아니고, 총론에 들어가는 각론에 해당하는 것이다.

당시 급부상한 또 다른 개념은 '포용적 성장'이다. IMF 등 많은 국제기구도 부분적으로 쓰는 개념인데, 우리나라에서 인기를 끌었던 것은 당시 미국 대선에서 클린턴이 정책 기조로 썼기 때문이다. 나는 클린턴이 쓴다고 그냥 가져다 한국 민주당 정책 기조로 쓰는 건 문제가 있다고 보았다.

'더불어 성장'이라는 이름을 제안한 건 사회학자 김정훈이었다. 새로 생긴 당명이지만 뜻도 나쁘지 않았다. 소득주도성장이라는 이름을 쓰지 않는 대신 내용은 다 담았다. 공정경제, 선도경제, 네트워크 경제의 세 가지 축을 넣고, 그때까지 유경위에서 발표한 정책도 담았다.

그 과정에서 직전 당대표 측과 긴밀히 논의할 필요가 생겼다. 본격적인 총선 국면으로 넘어가기 전에 몇 가지 상의할 일도 생겨서 양산에 직접 가게 되었다. 대화는 길지 않게 끝났고, 사모님이 직접 차려주신 점심 식사를 했다. 뭘 먹었는지 기억하지 못할 정도로 긴장된 자리였는데, 그날 처음으로 멍게젓을 먹어본 것만 기억난다. 큰 편백나무가 울창한 등산로를 따라 짧게 산책하며 강의했던 프로그램을 책으로 낼 생각은 없느냐는 얘기를 들었다. 나는 시의성이 너무 커서 어려울 것 같다고 말했다.

원래 계획했던 건 아니었지만, 문재인의 양산 집에 간다고 노회찬과 잠시 통화했다. 노회찬은 선거가 너무 어렵다며, 민주당의 도움이 있으면 좋겠다는 이야기를 문 대표에게 전해 달라고 했다. 원래 노회찬이 있던 지역은 안철수가 차지하고 있었고, 노회찬은 노동자가 많은 창원으로 옮겨 총선을 준비하고 있었다. 나는 서울을 떠나면 다시 돌아오기 어렵다고, 창원으로 가는 것에 반대했다. 그가 그런 식으로 돌아오지 못할 줄은 정말 몰랐다.

등산로를 거의 내려올 무렵, 선거를 조금만 도와주면 좋겠다는 노회찬의 메시지를 전했다. 문재인은 별다른 대답을 하지 않고 묵묵히 듣고만 있었다. 당도 다르고, 무엇보다 단일화 논의가 진전되지 않은 상황이었다. 당이 공식적으로 움직이지 않는데, 전직 당대표가 개인적으로 움직이는 것은 곤란한 일이다. 노회찬이 나에게 메시지를 전한 건 그야말로 친구끼리의 부탁이었다.

편백나무와 개가 가득했던 양산을 떠나 다시 서울로 돌아왔다. 문재인은 그 총선에 출마하지 않았다. 나는 마치 그가 인생의 마지막 휴가를 보내고 있다는 인상을 받았다. '더불어 성장'에 대한 정리를 마치고, 나도 내가 할 수 있는 일은 다했다고 생각했다.

며칠 후, 문재인이 노회찬 사무실에 방문했다는 뉴스가 나왔다. 당에서는 당대표가 사전에 상의하지 않고 다른 후보를 도왔다고 말들이 많았다. 총선에서 노회찬은 기사회생해서 여의도로 돌아왔다. 그러나 그 생환은 아주 아름다운 일로 끝나지는 않았다.

지금도 노회찬을 생각하면 양산 집에서 칩거 중이던 문재인과 등산로를 내려오며 보았던 장면이 떠오른다. 노회찬과는 나이와 상관없이 오랫동안 친구로 지냈다. 정세균과는 워낙 오랜 시간을 지내다 보니 친구보다도 친한 사이가 되었다. 문재인은 두 사람과는 약간은 결이 달랐다. 친구 노무현을 먼저 떠나보낸 사나이, 그 아픔은 문재인에게 여백과 사색의 공간을 많이 허용하지 않았다.

다크 히어로의
탄생

오세훈은 총선 1년 전부터 종로를 자주 찾았다. 많은 정치 컨설턴트들이 정세균을 잡을 수 있고, 그 길이 선거로 얻을 수 있는 전리품이 가장 많다고 조언했을 것이다. 총선 전 여론조사로는 오세훈이 20퍼센트 이상 넉넉하게 정세균을 앞서고 있었다. 그때 김종인이 주도한 공천에서 정세균과 조금이라도 연관 있는, 이른바 '정세균계'라고 정보 보고가 올라간 사람들은 대거 공천에서 탈락했다. 정세균조차 공천을 받을 수 있을지 낙관하기 어려웠다. 아마 영입된 인사들 가운데 한 명이라도 오세훈과 해볼 만한 여론조사 결과가 나왔다면 정세균도 공천받지 못했을 것이다. 하지만 오세훈과 대결한 만한 인사는 없었다.

기자들은 이제 정세균이 진짜로 정계를 은퇴할 것이라고 했다. 그가 고향을 떠나서 종로에 갈 때에도 정세균은 위기였다. 고향과 지역구를 내려놓고 종로에 출마했을 때 사지死地로 간다는 명분은 있었지만 생환 가능성은 높아 보이지 않았다. MB가 종로구 국회의원이었고, 그 뒤를 노무현이 이었다. 그 뒤로는 '종로의 아들'이라는 박진이 10년 가까이 국회의원을 했던 곳이다. 구청장을 비롯해 시의원 등 지역 조직이 거의 한나라당이 장악하던 시절에 그야말로 혈혈단신 와서 생환했던 정세균의 신화는 대단했다. 그러나 시간이 흘렀다. 한때 당대표로서 보유하고 있던 조직과 사람들은 새로운 대선 후보 문재인 쪽으로 흘러갔다. 오세훈 대 정세균, 사람들은 오세훈의 화려한 복귀를 예상하고 있었다.

그 총선에서 나는 전국을 크게 두 번 돌았다. 정세균과 주요 공약이 담긴 핸드북을 들고 강연을 다녔다. 선거 막판에는 박영선과 함께 다시 한 번 전국을 돌았는데, 당대표 김종인과 영입인사로 합류한 이철희가 동행했다. 선거철이 되면 정당은 초비상 상태로 최대한의 활동량을 확보한다.

– 우 박사는 내가 질 거라고 봐요?

부산에 갔을 때 정세균이 자신이 어떻게 될 것인지 물어보았다. 나는 이길 거라고 대답했다. 그때 여의도 사람들은 물론, 정세균 측근의 보좌관들까지 포함해서 정세균이 이길 거라고 생각한 사람은 정세균과 나 밖에 없었던 것 같다.

유권자들이 그때그때 당을 바꿔가며 선택하는 것을 '스윙보트swing vote'라고 부른다. 종로는 전형적인 스윙보트 지역이다. 종로에서 당선되면 대선 후보로 간다. 가난한 곳과 부자 동네가 한 지역구에서 극단적으로 갈리는 지역이기도 하다. 정세균의 사무실은 동대문이 보이는 창신동에 있다. 종로 끝인데, 가난한 지역이지만 한 축에 해당한다. 대신 정세균은 평창동에 있는 교회에 다닌다. 종로 최고의 부촌이고, 단일 지역으로는 타워팰리스 다음으로 박근혜 몰표가 나온 지역이었다. 사무실과 교회, 두 가지 축을 양쪽으로 설치하고 홍사덕을 꺾었었다.

오세훈이 서울시장이었던 시절, 평창동 공터에 친환경 압축천연가스CNG 버스충전소를 설치하려고 했었다. 아주 난리가 났었다. 절대로 그럴 것 같지 않던 평창동 주민들이 처음으로 데모를 했다. 2007년 일이다. 결국 CNG 버스충전소 사업은 무산되었고, 오세훈에 대한 지워지기 어려운 반감이 남았다. 여기까지는 어느 동네에나 있을 법한 지방자치단체의 혐오시설 추진과 무산과 다를 게 없다. 그런 일은 시간이 지나면 잊힌다. 사람들이 이사를 가고, 새로 이사를 오고, 뜨거웠던 순간도 시간과 함께 잊힌다.

정세균이 언젠가 오세훈과 운명의 일전을 벌일 거라고 예상했을까? 그렇지는 않다고 생각한다. 그 정도면 돗자리 깔고 점을 치는 게 골 아프게 정치하는 것보다 나을 것이다. 하지만 정세균은 그냥 시간을 보내는 사람이 아니라 혹시 모를 미래를 미리 준비하는 편이다. 그는 악하지는 않지만 '다크'하기는 하다. 겉모습만으로는 모른다.

종로 국회의원이 되고 오세훈이 CNG 버스충전소를 만들려던 부지에 '문화충전소'라는 예술복합센터를 만들었다. 이름 한번 다크하다. 근처를 지나는 주민들이 일상적으로 오세훈이 CNG 버스충전소를 만들려고 했던 시기를 상기하게 된다. 저간의 사정을 알지 못하는 새로 이사 온 사람이 "이름이 왜 문화충전소예요?"라고 물어보면 아주 자세하게 "네, 저건 예전 오세훈이 저 자리에……" 계속해서 말하게 된다. 일종의 스토리텔링이다.

부산에서 이 이야기를 정세균에게 했다. 그는 웃었다.

그날 저녁 식사에는 김영춘이 함께했다. 당 행사에서 얼핏 본 적은 있지만 진짜로 본 것은 그때가 처음이었다. 선한 웃음이 인상적이었다. 선한 것만 갖고는 지도자가 되기 어렵다. 2021년 4·7 부산시장 보궐선거에서 김영춘은 가덕도 신공항 특별법을 들고 나왔지만 박형준에게 졌다. 대학 시절, 고려대학교 강사였던 박형준의 글을 읽기 위해 잡지를 사들이던 시절이 나에게도 있다. 시대에도 흐름이 있는 것 같다.

정세균과 부산에 다녀온 후로도 몇 번을 더 지방에 갔다. 나는 총선공약단 부단장이었고, 마지막 순간까지 공약을 손보느라고 정신이 없었다. 마지막 순간에 농업 관련 공약을 손보자고 농민단체로부터 연락이 왔다. 너무 늦어서 다시 열기는 쉽지 않았지만 그래도 기회 있을 때 손보고 싶었다. 국회의원 신정훈과 시민운동을 함께했던 이재수, 두 사람이 파트너였고, 정책위원회 농업 담당이 참여했다. 그때 로컬 푸드와 푸드 플랜 같은 농업 정책이 전면에 나오게 되었다. 문재인 정부가 들어서고, 신정훈과 이재수가 차례로 농업비서관으로 청와대에 들어갔다. 신정훈은 나중에 전남도지사에 출마했지만 경선에서 탈락했다. 신정훈 자리를 이어서 청와대에 들어간 이재수는 춘천시장이 되었다. 그 뒤를 이어 농업비서관이 된 사람은 박영범이었다. 박영범은 김영배가 성북구 청장으로 일하던 시절에 구청의 학교급식위원회에서 몇 달 동안 같이 일했었다. 청와대 인근 중국집에서 짜장면을 먹으며 그는 청와대 농업비서관만 끝나면 은퇴한다고 했다. 그런가 보다 여겼다. 조금 있다가 농림축산식품부 차관이 되었다. 농업을 정책적으로 접근하려고 했던 사람들이 한자리 하는 걸 보면서 사는 게 뭔가, 그런 생각이 좀 들었다.

원래 공약단은 공약이 마무리되면 끝나는 자리다. 2012년 총선에서는 이철희가 전략적인 결정을 주로 맡았고, 다른 선거에는 없던 경제상황실을 만들어서 막판까지 시스템을 돌렸다. 우와, 돌아버리겠네! 그때 매일 선거상황실 회의에 참석하고, 경제상황실 발표를 막판까지 하면서 정말 입에 단내가 나는 느낌을 받았다. 이철희에게 개인적인 감정은 없다. 하지만 그 뒤로 이철희 전화를 받으면 온몸에서 경기가 와서 전화기에 손이 안 간다. 너무 많은 일이 있었다. 다시는 돌아가고 싶지 않은 내 인생의 한 페이지다.

여의도에서 일이 끝나거나 시간이 나면 창신동 정세균 사무실에 들렀다. 별거 아닌 것 같지만 그를 위해서 할 수 있는 게 많지 않아서 공약의 마무리를 도와주었고, 공보물 인쇄 넘어가기 직전에 표현을 다듬는 데도 손을 보탰다. 그 시절, 선거 캠프에서 정세균의 당선을 믿는 것은 정말로 정세균 밖에 없었다. 내가 보탤 수 있는 것도 마음 밖에 없었다. 사무실 사람들에게 저녁을 한 번 산 적이 있었는데, 그때 한우를 샀다. 그게 내 돈으로 처음 한우를 산 날이었다. 그냥 마음이었다.

그 선거에서 20퍼센트 가까이 뒤졌던 여론조사 결과를 뒤엎고 정세균이 이겼다. 오세훈 40.0퍼센트, 정세균 52.4퍼센트, 12.4퍼센트 차이가 났다. 문제의 평창동에서 오세훈이 이기기는 했는데, 48표 이겼다. 평창동에서 크게 이겨서 나머지 지역에서 뒤진 것을 만회하는 것이 오세훈의 기본 전략이었는데, 48표로는 어려웠다. 그 총선의 투표율이 58퍼센트였고, 격전이 벌어졌던 서울은 59퍼센트로 전국 평균보다 약간 높았다. 평창동 투표율은 48퍼센트로 전국 평균보다 10퍼센트 낮았다.

그 선거 2년 전 가을, 추석연휴였다. 정세균에게 전화가 왔다.

- 종로구 국회의원 정세균입니다. 그동안 찾아뵙지 못해서…….
- 대표님, 저 우석훈입니다. 뭘 저한테까지 전화를…….
- 아, 우 박사? 미안. 지역구에 인사 돌린다는 게 그만. 연휴 끝나고 봐요.

추석 같은 명절이면 정세균이 지역구에 전화를 돌린다는 얘기는 들었는데, 돌리다 보니 나에게까지 전화를 했던 거다. 평소에 최선을 다하는 게 정세균 스타일이다. 지역구 관리도 그렇게 한다. 정세균이 오세훈을 이기는 날, 추석 때 전화 받은 기억이 났다. 그는 집안이 넉넉한 편이 아니다. 엄청나게 많은 돈을 모아놓은 것도 아니다. 다만 형님이 사업을 해서 넉넉한 편이다. 처음 정치를 시작할 때 "어디 가서 돈 받지 말고, 필요하면 나한테 와라." 그렇게 성공한 형님 덕을 보기는 한 것 같다. IMF 경제 위기의 시발점 중 하나인 한보 정태수는 돈을 잘 뿌리는 것으로 유명했다. 그때 관련된 정치인 가운데 유일하게 정세균만 돈을 받지 않아서 후일담이 돌았던 게 기억난다. 돈을 쓰는 정치를 하는 대신에 명절에 죽어라 전화를 돌리는 게 정세균이 살아남은 방법 중 하나다. 올드한 시대의 정치인이기는 하지만 칙칙하지는 않다. 그렇다고 해서 아무 생각 없는 해맑은 스타일도 아니다. 몇 장의 카드는 습관적으로 뒤에 숨기는 아주 다크한 스타일이다.

그 다크한 스타일에 넘어간 대표적인 인사가 오세훈이었다. "굼벵이도 기는 재주가 있다"고, 정세균이 선거는 잘한다. 전북에서 치렀던 선거들은 공천만 받으면 당선이라고 치더라도, 서울 종로에서 치렀던 2012년 홍사덕과의 선거, 2016년 오세훈과의 선거는 모두 만만치 않았다. 오세훈은 자기도 편하고 새누리당이 강세인 지역에서 수월하게 선거를 치를 수 있었지만 "내가 정세균을 잡겠어"라며 선거에 임했다. 물론 오세훈도 보통 사람은 아니다. 서울시장 경선에서 나경원과 안철수를 연거푸 꺾고 결국 보궐선거에서 서울시장으로 당선되어 자기 자리로 다시 돌아왔다.

아마 오세훈이 나에게 물어봤다면 정세균과 붙지 말라고 조언했을 것이다. 물론 오세훈이 나에게 물어볼 상황은 아니었다. 아주 젊은 시절, 내가 아직 공직에 있던 시절, 한나라당 시절의 이부영 의원이 만든 국회 기후 특위에서 오세훈을 만난 적이 있었다. 초선 의원 시절이었고, 정치개혁 관련 오세훈법으로 유명해지기 전이었다. 보수 쪽 여당 국회의원이었는데, 원자력과 관련된 비판적인 발언을 특위에서 자주 했다. 아주 인상적이었다. 소설 『당인리』의 여자 주인공 중 한 명의 원형이 오세훈 보좌관 출신이다. 너무 친한 후배라서 국회의원 시절에는 그쪽 방에서 정책에 관한 질문도 했고, 나도 해줄 수 있는 범위 내에서 이것저것 자세히 답변해주었다.

정세균이 오세훈을 꺾은 선거에서 민주당은 123석으로 새누리당을 한 석 차이로 제치고 제1당이 되었다. 정권은 여전히 새누리당의 박근혜 정권이었지만, 국회를 장악했고, 국회의장을 가질 수 있게 되었다.

4

국회의장이
되는 법

― 그냥 국회의장 하세요.

동료로서 일하던 시절에 내가 정세균에게 마지막으로 건넨 말이다. 나 말고도 그렇게 얘기한 사람이 많았을 것이다. 20퍼센트 뒤졌던 종로 선거를 12퍼센트 차이로 뒤집어서 오세훈을 이긴 사람이 원내 1당이 지정하는 국회의장이 되는 건 당연했다. 물론 그냥 되는 건 아니다. 5선, 6선, 이렇게 오랫동안 살아남은 사람들은 능력치도 높지만, 그 과정에서 자기 나름의 재주가 생겨나게 된다.

그 시절에 정세균에게는 대선 출마와 국회의장이라는 두 개의 선택지가 있었다. 오세훈을 꺾은 여세를 몰아서 곧장 대선으로 가라고 권유하는 사람도 있었다. 나는 그 시절에 대선은 턱도 없다고 생각했고, 의미는 대통령보다 덜하더라도 충분히 의미 있는 국회의장이 나을 거라고 의견을 냈다.

국회의원들이 가장 하고 싶어 하는 자리 중 하나는 원내대표다. 여기는 추대나 합의는 없고, 진짜로 국회의원들끼리 진검승부를 펼친다. 내가 본 선거 가운데 가장 '박 터지는' 선거가 원내대표 선거다. 노선과 계파가 작용할 것 같지만, 평상시 은원관계와 사람을 대하는 태도가 모두 개입한다. 겉으로는 친해도 속으로는 오래된 숙적 혹은 초창기에 고압적 태도로 자기를 기분 나쁘게 한 '뒤끝'이 총체적으로 관여한다. 원내투표에 나오는 사람들은 혹시라도 자기를 불편하게 했던 사람들을 찾아 "그때는 미안했습니다"라고 사과한다. 아주 끈적끈적한 투표다. 어디나 사람 사는 것은 거기서 거기다. 모두와 친하기 어렵고, 부딪힌 끝에 다시는 보고 싶지 않은 관계가 생겨난다. 이럴 걸 기본적으로 해소하거나 아니면 해소하기 위한 시도라도 하는 게 원내대표 선거다. 평상시처럼 드라이하게 자기 계파를 믿고 직진하는 사람도 가끔 봤는데, 이변이 일어나서 큰 차이로 패하고 상처를 받게 된다. 선거는 잘할 사람을 뽑는 게 맞지만, 정작 법을 만드는 국회의원들이 자신들의 원내대표를 뽑을 때에는 덜 싫은 사람을 뽑는 경우가 많다.

그렇다면 국회의장은 어떻게 뽑는가? 정말 가까운 거리에서 본 것은 정세균이 딱 한 번이지만, 그렇게 크게 달라 보이지 않는다. 기본은 경쟁자를 출마하지 않게 하

는 것이다. 우리나라에서는 그야말로 할아버지들의 선문
답 같은 것이다. 도대체 뭐라고 했는지, 협박했는지, 회
유했는지, 아니면 거짓말을 했는지 밖에서는 알기 어렵
다. 나중에 원혜영이 국회의장을 할 차례가 되었을 때,
그는 나서지 않았다. 원혜영에게는 미안한 이야기지만
그는 속았던 것 같다. 그렇게 국회의장 정도는 해보고 싶
었는데 결국 하지 못하고 그다음 총선에서 불출마 선언
을 하고 조용히 정계를 은퇴했다. 보통은 술값을 원혜영
이 냈는데, 국회의원이 끝나고 다시 '개털' 원혜영으로
돌아갔다. 그의 국회의원 생활, 아니 정치인 생활이 끝나
고 몇 사람이 조촐하게 저녁을 먹었다. 그날 2차 맥주 집
은 내가 냈다. 내가 내겠다고 하니 원혜영 얼굴이 확 밝
아졌다. 원혜영 인생이 대표적으로 실속 없는 인생이다.
하지만 그는 행복하게 살았다. 오래 살기는 할 것 같다.

정세균은 다크 히어로답게, 경쟁자들이 없는 상황을
깔끔하게 만들었다. 그들에게 무슨 말을 했는지는 미스터
리다. 그리고 국회의장이 되고 민주당을 탈당했다. 불과
얼마 전까지 기자들이 곧 정계를 은퇴할 거라고 했던 사
람이 다시 살아나서 국회의장이 되었다. 국회의장이 꿈이
었던 사람들을 좀 알고, 실제로 국회의장이 된 사람도 안
다. 문희상도 국회의장을 했다. 나는 그에게 임명장을 받
아서 민주연구원 부원장이 되었다. 또 볼 일이 있을까 싶

었는데, 인생이라는 건 몰라서 보고 또 보게 되었다.

워낙 어려운 선거를 치른 뒤라서 정말로 내 손으로 국회의장을 만든 것 같은 느낌이 들었다. 국회의장이 되고 며칠 후에 동네 빵집 앞으로 정세균이 불렀다. 전에는 동네나 골목을 같이 돌아다니고, 아무 카페에서나 만났는데 국회의장 경호원들이 뒤에 서 있었다. 어색했다. 나는 마지막 인사라고 생각하고 바게트를 사서 선물로 드렸다. 정세균은 웃었다. 경호원들이 빵집 바깥에서 어색하게 기다리고 있었고 아주 짧게 커피 한 잔을 마셨다. 헤어짐은 그런 것이다. 학자가 자기 손으로 국회의장을 만드는 경험은 매우 드물다. 나는 할 만큼 했다는 생각이 들었다. "대표님, 그냥 저랑 노시죠." 당대표 선거를 포기했을 때 나의 제안이 종료되는 순간이었다. 나도 그와 놀 만큼 놀아드렸고, 그도 나와 할 만큼 했다. 이젠 갈 길이 다르다.

결혼이 조금 늦은 나는 큰애가 아주 늦게 태어났다. 9년 만에 태어났다. 2년 후 둘째가 태어났다. 둘째는 태어나면서 숨을 못 쉬어서 바로 집중치료실로 들어갔다. 둘째가 태어나고 100일이 안 되어서 민주당을 도와주기 시작했다. 아내는 농협연구소 연구원이었는데, 둘째가 태어나기 전에 차장으로 진급했다. 둘째는 계속 아팠고,

나는 민주당에서 그야말로 뻘짓을 하면서 뛰어다니던 시절이었다. 그때만 해도 본사에 통합된 계열사에 대한 육아휴직 규정이 정비되지 않아서 아내는 결국 퇴사했다. 농협 직원으로 정년까지 가겠다던 아내였는데, 내가 유경위 만든다고 돌아다니던 시절에 벌어진 일이다.

둘째는 2014년 봄부터 폐렴으로 몇 차례 입원했다. 처음 병원 응급실에 갈 때에는 내가 같이 갈 수 있었다. 급기야 두 번째 응급실 때는 회의한다고 밖에 있어서 뒤늦게 병원으로 달려갔다. 병실에서 아내는 배가 고프다고 했다. 병원 앞에서 샌드위치를 사고 계산하려는데 직불카드에 잔고가 없었다. 내 계좌의 신용카드는 아내가 갖고 있어서 나는 현금이 나가는 직불카드를 썼다. 다시 병원에 올라가서 아내에게 신용카드를 받아서 계산하고 샌드위치를 가져다주었다. 그리고 ATM기기에서 잔고를 확인하니 5원이었다. 내가 받는 돈은 모두 그 계좌로 들어간다. 한때는 몇 억이 넘었던 적도 있고, 없어도 늘 몇백만 원은 있었다. 사실 얼마 있는지도 모른 채 살았다.

– 아버지, 500만 원만 빌려주세요.

아버지에게 부탁하는 걸 정말 싫어하고, 그런 일도

거의 없었지만 밑도 끝도 없이 돈을 빌려달라고 했다. 아직까지도 그 돈은 못 갚았다. 물론 돈이 아주 없는 것은 아니다. 아내 통장에 돈이 좀 있어서 빌릴 정도는 아니었는데 내 계좌에 돈이 5원 남았다는 건 지난 2년 동안 내가 어떻게 살았는지 보여주는 것 같았다. 사람들은 깜빡깜빡하지만 나는 경제학 박사다. 평생 돈이 움직이는 것과 흘러 들어가는 경로만 보면서 살아왔다.

총선 막판, 둘째가 열이 올라서 언제 병원에 갈지 모르는 상황에서 광주로 내려갈 때에는 정말 심란했다. 그때 박영선과 KTX를 같이 타고 올라왔는데 그녀를 마지막으로 보는 날일 줄은 몰랐다. 한동안 매일 봤었다.

총선이 끝나고 가장 먼저 한 일은 식구들과 충남 보령에 놀러간 거였다. 둘째가 계속 아팠고, 아내는 회사를 그만두고 심리적으로 어려워했다. 그렇다고 우울증으로 병원에 가보라고 말할 상황도 아니었다. 아버지에게 빌린 돈으로 바다를 보면서 며칠 잘 놀았다. 소설『당인리』의 중부발전 본사가 보령에 있는데, 그 여행에서 보았던 보령의 모습이『당인리』의 첫 장면이 되었다.

나의 육아는 그렇게 시작되었다. 내가 시간을 낸 뒤로 아내는 본격적으로 다시 취업을 준비했다. 매일 채용

공고를 확인했고 며칠에 한 번씩 면접을 보았다. 그때마다 잘 모르는 분야에 관한 제안서와 연구계획서를 썼다. 여성들은 '경단녀'라는 단어를 끔찍하게 싫어하는데, 아내도 싫어했다. 삶의 질곡을 건너는 자신을 놀리는 것 같다고 했다. 나도 그 말을 쓰지 않는다. 아직 어떤 단어를 써야할지 대안은 없다. 하지만 본인들이 싫다는 단어를 굳이 써야 할 필요는 없다.

육아를 하면서 연구원 상근은 어려워서 회의나 일정이 있을 때만 잠깐씩 나갔다 들어온다. 그만둘까 했지만 어차피 임기도 몇 달 남지 않았고, 꼭 필요한 회의 정도는 나가는 걸로 하자는 게 당직자들의 의견이었다. 뭔가 시작하는 것도 큰일이지만 그만두는 것도 보통 일이 아니다. 별 일도 아닌 것 같고 괜히 기자들이 이유를 묻는 일은 하지 않는 게 좋다.

정세균 쪽에서 국회 예산정책처 제안이 왔다. 국회에 몇 자리 없는 차관급 인사다.

- 싫어요. 애 봐야 해요.

지금 생각해도 그때는 내가 조선시대 선비 같아서 멋있어 보였다. 내려놓은 지 며칠이나 되었다고 쪼르르

가서 일을 맡는 게 이상해 보였다. 무엇보다 아내가 취업하고 둘째가 건강을 찾는 게 제일 중요하다고 생각했다. 우와, 진짜 많은 사람들이 집에 찾아왔다. 특히 후배들이 많이 찾아왔다. "우리도 좀 살자." 그런 얘기였다. 막내 동생과는 서로의 삶에 관여하지 않는 편인데 그때만큼은 막내도 한마디 거들었다.

　－ 형이 그러면 안 되지.

　막내는 경제학과 교수다. 한국에서 경제학자가 특별한 정치적 인연 없이 실무적으로 가장 높이 갈 수 있는 자리가 예산정책 처장이다. 그건 해야 한다는 게 막내의 말이었다.

　급기야 정세균과 유경위 공동위원장을 함께했던 강철규 위원장에게서까지 연락이 왔다. 해드리는 거 없이 늘 부탁만 해서 죄송한 사이라서 "아닙니다" 하기가 정말 싫었다. 그래도 어쩔 수 없었다. 그때는 정권이 바뀐 때가 아니라서 민주당이 어떻게 해볼 수 있는 자리는 원내 1당이 되어서 확보한 국회의장이 임명하는 자리 밖에 없었다. 정세균과 힘든 시간을 같이 보냈는데, 그렇게 생긴 자리에 가지 않는 것을 사람들은 이해하지 못했다.

정말이지 내가 뭘 바라고 민주당을 돕고, 당 대표 문재인을 도왔던 것은 아니다. 그러나 그 시점에 내 도움이 가장 절실했던 것은 국회가 아니라 폐렴으로 고생하는 둘째 아들과 아내였다.

그렇게 나는 정세균과 친구가 되었다. 노회찬과 그렇게 지냈다. 가끔 밥 먹고, 바쁘면 차 한잔하며 안부를 묻고 때때로 보는 사이가 친구 아닌가? 나는 그런 사이가 매우 모던한 사이라고 생각한다. 그래도 고등학교 동창들보다는 자주 보는 사이다. 정말 친한 친구도 한두 달에 한 번씩 못 만난다. 어떤 친구보다도 자주 보는 사이다.

국회직을 제안 받았을 때는 멋있게 돌려보낸 것 같은데, 그 뒤에 광주광역시 지방 공기업인 광주도시공사에서 제안이 왔을 때는 적잖이 고민했다. 변창흠이 사장으로 일했던 서울의 SH공사의 광주 버전이다. 광주 경제와 공간 정책에 관한 글을 몇 번 썼었다. 광주광역시 개혁 차원에서 중립적인 외부인사를 적극 활용하자는 이야기가 나왔고, 그 끝에 내 이야기가 나왔나 보다.

월요일 오전에 광주광역시장 특보를 만나서 여차저차 얘기를 들었는데, 그때는 나도 오락가락했다. 워낙 공간과 관련된 일을 해보고 싶었다. 아내는 평생 오락가락하는 일 없는 칼 같은 성격인데, 그때는 아내도 오락가락했다. 조변석개朝變夕改라더니, 내가 그랬다. 아침에 하지 않는다고 했다가 저녁에는 그냥 해볼까, 그렇게 왔다갔다했다. 한다면 애들 데리고 이사까지 갈 생각이었다. 아내도 이사 생각을 하다가 그건 힘들지 않겠느냐고 다시 생각을 고치기를 반복했다. 언제까지 질질 끌 수만은 없는 노릇이어서 금요일 오후에 광주에 연락해서 '어렵다'고 말했다. 그렇게 끝난 일이 되었는데, 토요일에 아내가 다시 말했다.

　- 광주, 그거 있잖아. 주말이니까 아직 처리되지 않았을 거 아냐. 그냥 한다고 하면 안 돼?

　나는 웃었다. 친구들은 나에게 '나쁜 놈'이자 무책임한 가장이라고 말했다. 제대로 된 연봉을 받아서 식구를 편하게 해줘야지, 네가 그러고 있으면 어떻게 하느냐고 했다. 그때도 매번 웃었다.

　- 세 끼 밥 먹고 사는 데 불편한 거 없어.

　우리와 함께 정책 라인으로 일하고, 정책위의장을 했던 윤호중이 당 사무총장으로 복귀했다. 그때 민주연구원장을 할 생각이 없느냐고 나에게 물어봤다.

- 냅둬유, 지금 사는 게 너무 편해요. 지금 인생에서 가장 행복한 순간을 보내는 중이예요.

아이들을 보기 시작하면서 나는 내 인생에 가장 행복한 시간을 만나게 되었다. 나는 더 이상 바쁘지 않고, 특별히 할 일이 없는 사람이 되었다. 이제 내 위에는 아무도 없고, 누군가를 위해서 일하지 않아도 된다. 문재인이 대통령이 된 후에는 고민할 일도 없어졌고 의무감도 사라졌다. 그 빈 공간으로 행복이 찾아왔다. 정책을 만들고, 조율하고, 실행되도록 손을 보는 일은 다음 사람들이 할 것이다. 이제 내 일이 아니다.

5

촛불집회의
앞과 뒤

옆에서 지켜본 정세균은 굉장히 단단한 사람이고, 자기가 한 약속을 지키는 사람이었다. 그리고 생각보다 원칙주의자다. 규칙을 잘 지키는 편인데, 주어진 규칙 내에서 최대한 방법을 찾아내는 사람이다. 정치인 중에는 규칙을 지키지 않는 것이 몸에 밴 이들이 있다. 특권이 몸에 배어 새로운 시대에 맞지 않는 다선 의원이나, 아직 지켜야 할 기본 규칙을 체득하지 못한 초선 가운데 그런 경우가 있다.

워낙 특별한 일탈이 없는 사람이다 보니 정세균의 존재감은 잘 드러나지 않는다. 하지만 그는 생각보다 다크한 인간이라서 그냥 웃고 지내면서 더 좋은 자리에 갈 때까지 시간을 허비하지 않는다. '미스터 스마일'이라는 정세균의 별명은 때때로 상대편에게 오판을 하게 만든다. 실력도 없는데, 호남의 전북이라는 "당선되기 좋은 지역을 운 좋게 받아서 정치를 '엔조이'하면서 살았던 부패한 사람"이라는 평가를 들은 적이 있다. 나름 점잖은 국회의원 입에서 나온 말이다. 그냥 만만해 보인다는 말이다. 박근혜와 주변 사람들도 정세균을 만만하게 본 것 같다.

거대한 사건은 2016년 여름 박근혜의 여름휴가 후 8월 16일 개각을 발표하면서 시작된다. 이동필이라는 이름을 기억하는 분이 계실까? 농촌경제연구원장 출신인 농림축산식품부 장관인데, 이 시절 개각 명단에 포함되지 않았다가 뒤늦게 개각 폭이 늘어나면서 장수 장관들을 물갈이하는 걸로 방향이 바뀌며 막판에 명단에 포함된 인사다. 아마 이동필이 농림축산식품부 장관을 계속하는 걸로 청와대에서 결정했다면 역사는 우리가 본 것과는 전혀 다르게 흘러갔을지도 모른다. 당시 청와대는 야당이 1당이 된 국회 상황에 익숙하지 않았고, 국회의장이 정세균이라는 사실을 변수로 생각하지 않은 것 같다.

그때 청와대는 이동필 후임으로 행정고시로 농림축산식품부 공무원이 된 김재수를 내정한다. 이동필이 누구인지, 김재수가 누구인지, 아무도 모른다. 평소에 농촌경제원이 무엇인지, 어디에 있는지 혹은 농림축산식품부에 어떤 공무원이 있는지 누가 알겠나? 박근혜도 누군지 전혀 모르고 낙점했을 것이다. 8.16 개각의 핵심은 여성가족부 장관이었던 조윤선을 문화체육관광부 장관으로 임명한 것이었다. 박근혜 시절의 적자 중에서도 적자였던 조윤선에게도 이 임명은 인생 최대의 불행한 사건이 된다.

청문회가 시작되면서 김재수가 용인 93평 아파트에 전세금 2억 미만으로 살았던 이른바 '황제 전세'를 비롯해서 농협으로부터 받은 1퍼센트대 초저금리 대출, 후보자 어머니의 의료비 차상위계층 대상자 혜택 등이 문제가 되었다. 농림축산식품부 고위공무원으로 살면서 누렸던 당시의 관행적인 혜택 정도였지만, 게다가 실정법 위반도 없었지만 국민들의 감정을 건드렸다. 청문 보고서는 불발되었다. 여야의 시선으로 본다면 진짜 상대자는 당시 인사 검증을 맡은 청와대 민정수석인 우병우였다. 당시 야당 대표인 추미애와 우병우 사이의 진짜 전쟁에서 엉겁결에 대리인이 된 김재수도 자신이 이 거대한 사건의 도화선이 될 줄 몰랐을 것이다. 어쨌든 그 숱한 사건에도 불구하고 김재수는 결국 장관으로 임명되고, 박근혜 정부 마지막 순간까지 장관 자리를 지킨다. 그리고 문재인 정부의 초대 농림축산식품부 장관인 김영록에게 업무를 인수인계한다.

김재수가 장관에 임명되고 민주당은 장관해임안을 국회에 올렸다. 여기까지는 통상적으로 있는 일이다. 그 후에도 장관 후보 인사청문회에서 야당이 부적격 판단을

내려도 그냥 임명을 강행했고, 야당은 해임안을 내겠다
고 울그락붉으락하다가 없던 일로 흐지부지해졌다.

역사를 바꾸는 결정적 사건은 때로는 아무도 예상
하지 못한 황당한 이유로 벌어진다. 이른바 '차수 변경'
사건이라고 불리는 사건은 새누리당이 국회법을 숙지하
지 못해서 벌어졌다. 국회의장은 장관 해임건의안을 상
정할 권한이 있다. 그런데 자정이 되면 어떻게 되느냐?
이건 숙지하지 못했다. 새누리당은 자정까지 시간을 끌
면 해임건의안이 자동으로 무효되는 것으로 생각했고,
시간을 끌기 위해 필리버스터를 했다. 자정이 되자 정세
균은 회의 차수를 새로운 회의로 변경해서 다시 시작했
다. 국회법 절차를 숙지하지 못했던 새누리당에서 난리
가 났다.

당시 제 입장에서는 제가 내용을 따질 일은 아니었고, 제 책무
는 '국회법'에 따라서 의사를 진행하느냐 하지 않느냐 하는 것이
었습니다. 그날 본회의에 상정하는 것부터 시비가 걸리기 시작
해서 새누리당에서 계속 연기를 요청했어요. 그때 새누리당에서
필리버스터를 해서 밤 12시를 넘기려고 했지만, 그 시간을 넘기
는 게 아무 의미가 없는 거였는데 그 사람들이 착각한 거예요, 그
래서 소동이 났지요.- 국회의장단 구술총서 정세균편

    2016년 9월 24일 오전에 국회에서 벌어진 일이다. 더불어민주당과 정의당이 공동 제출한 김재수 해임건의 안이 새롭게 차수를 변경한 본회의에서 통과되었다. 그냥 며칠 동안 서로 신경질 내다가 넘어갈 사건일 수도 있다. 야당이 주도한 해임건의안은 그야말로 의견이라서 대통령이 무시하면 그만이다. 실제로 무시했다. 법적 효력으로는 힘 싸움 한번하고 넘어갈 수 있는 사건이다. 이 사건을 키운 건 이틀 뒤 당시 새누리당 대표였던 이정현의 단식투쟁이다. 느닷없이 정국이 국회의장을 중심으로 움직이기 시작했고, 새누리당의 1차 공격 목표가 정세균이 되었다. 대통령 박근혜는 침묵했고, 사람들은 정세균과 이정현의 싸움이 어떻게 되어갈지를 궁금해했다.

    9월 29일 새누리당 의원총회에서 정세균 부인이 미국으로 동반 출장을 했고, 그때 비즈니스석이 아닌 1등석을 탔다는 의혹을 제기했다. 정세균 이름이 박힌 시계 400개를 교민들에게 배포한 사전선거 혐의도 언급했다. 미 하원의원의 공식초청 방문 때 벌어진 사건을 이정현 단식기간에 터뜨렸는데, 여론상 이 건은 새누리당의 완패로 끝났다. 대한민국 공식서열 2위의 부부동반 행사에 대한 공무원여비규정이 공개되었고, 당시 해외교포에게는 비례대표 선출권 밖에 없다는 선거법 규정이 공개되었다. 그리고 별로 궁금하지 않은 전임 국회의장들이 미국 방문 때 나누어주었던 선물목록도 세상에 알려졌다. 정의화가 국회의장 시절 미국에서 시계와 보석함을 돌렸다는 사실이 뭐가 궁금하겠는가. 거기에서 보석함을 뺀 시계라는 데 말이다.

그 사건은 해프닝으로 끝났지만, 단식을 강행한 이정현 등 새누리당의 친박 성향의 강성지도부의 힘이 빠졌다. 정세균 사퇴를 명분으로 국정감사를 전면 보이코트하겠다는 새누리당은 급격히 동력을 상실했고, 우여곡절 끝에 국정감사가 열렸다. 국회의장은 실권이 없어 보이지만 명분상으로는 대통령 다음으로 대한민국 서열 2위다. 부부동반 행사에서 부인이 1등석을 탔다는 게 뉴스가 되는 것은 이상하다. 프랑스의 미테랑의 부인 다니엘 여사가 미국 의회에 방문했는데, 인공심장 때문에 금속탐지기를 통과할 것이냐 말 것인가로 한참 논란이 컸던 적이 있었다. 미테랑은 인기가 떨어졌어도 다니엘 여사의 인기는 높았던 시절이다. 그녀는 결국 의회 일정을 취소하고 돌아왔다. 미국이 프랑스를 어떻게 보느냐로 외교 문제로까지 사건이 커졌다. 국회의장 부인의 1등석 탑승이 국가적 논란거리가 된 것은 이정현이 정세균을 얼마나 우습게 봤는지, 당시 여당 강성파들이 정세균을 얼마나 간단한 사람으로 생각했는가를 보여주는 사례다.

그 사건 이후 새누리당 강성파들의 목소리가 내부에서 위력을 잃으면서 우병우가 국정감사에서 타깃이 되었고, 최순실 관련 '미르'와 'K 스포츠'가 전면에 나오게 되었다. 시간을 되돌려보면 박근혜의 여름휴가와 개각 명단으로 인한 차수변경 사건에서 국회의장 부인의 1등석 사건까지가 새누리당 대표였던 이정현이 권력을 잃게 되는 일련의 사건이다. 이정현은 자전거를 타고 선거운동하면서 호남에서 혼자 국회의원이 된 기념비적 사건의 주인공이다. 그가 한참 좋을 때에 이렇게 몰락할 거라고 예상한 사람은 없었다.

김재수 농림축산식품부 장관 해임건의안이 이른바 차수 변경을 통해 국회에서 통과된 것은 9월 24일이고, 국정감사를 통해 농축된 에너지가 폭발해서 첫 번째 촛불집회가 열린 것이 10월 29일이다. 여름휴가를 보내고 박근혜가 아무 생각 없이 개각명단에 장수 장관이라는 평을 받던 농림축산식품부장관을 교체하면서 이 거대한 사건이 폭발 양상을 보이게 되었다.

촛불집회에 애들을 데리고 늦게까지 있기는 힘들었지만, 사람들이 모여드는 초반 몇 번 아이들과 함께 나갔었다. 2008년 광우병 촛불집회에서는 사람들을 모아서 열심히 나갔지만, 호흡기질환을 달고 사는 둘째를 데리고 밤까지 있기는 어려웠다.

  – 박근혜는 돼지 나와라!

당시 다섯 살이었던 큰아이가 집에서 놀다가 가끔 이렇게 말했다. 아무래도 '퇴진하라'는 말을 이해하지 못했나 보다. 어린이집에서 친구들과 그렇게 논다고 했다. 민심은 정말 무섭다는 생각이 들었다.

외부에 공식적으로 알려지지는 않았지만 정세균 국회의장은 촛불집회 한가운데에서 대통령이 탄핵으로 가기 전에 혼란을 수습하는 게 낫다고 생각했었다. 국회에서 총리를 추천하고, 그것을 정권에서 받으면 대통령이 조기 하야하며 정국을 수습하는 방안을 새누리당에 건넸다.

원래 저는 탄핵이라고 하는 극약 처방보다는 정치적인 타협을 통해서 조기에 대통령이 권한을 이양하는 게 좋겠다는 생각을 갖고 있었지요. 대통령이 스스로 임기 단축을 하고 조기 대선을 치러 탄핵이니 이런 것 없이 잘 지나갔으면 좋겠다고 생각했는데, 그쪽에서 국회에서 한 번 와서 연설을 했었어요. 그때 국회에서 총리를 추천하면 그 사람이 국정을 수행하도록 하겠다고 하니까 자기가 미리 자리를 내놓을 생각이 전혀 없다는 걸 밝힌 거지요.
– 국회의장단 구술총서 정세균편

국회의장은 대통령에게 조기 하야를 권했는데, 청와대 쪽에서 그건 어렵고 국회가 추천하는 총리는 받을 수 있다고 대답한 것이다. 만약 국회의장이 대통령의 조기 하야 입장을 공식화했다면 사건이 복잡하게 전개되었을지도 모른다. 막후에서 정세균이 새누리당에 건넨 제안은 무시되었고, 그렇게 사건은 우리가 아는 것처럼 흘러갔다. 대통령 탄핵안은 국회를 통과했다. 정세균은 221표를 계산했는데, 실제로는 234표가 나왔다. 계산보다 13표가 더 나왔다. 탄핵안이 찬성으로 나온 후 정세균은 의사봉을 두드렸다.

당시 청와대는 대통령 탄핵안이 국회를 통과하더라도 헌법재판소에서 인용되지 않을 걸로 판단했던 것으로 알고 있다. 하지만 헌법재판소의 판단을 미리 알 수 있는 사람은 거의 없었다. 정세균도 몰랐다.

지금 생각해보면 박근혜나 이정현 혹은 새누리당 사람들이 국회의장 정세균을 지나치게 간단한 사람으로 보고 긴장감 없이 자신들의 계산을 믿었던 것 같다. 헌정 초유의 대통령 탄핵은 그렇게 마무리되었고, 5월 대선으로 시대는 넘어가게 된다.

그 시점에 나는 국회의장 정세균보다는 아직 대통

령 공식 후보가 되지 못한 문재인과 자주 연락하며 이런
저런 상황 인식이나 경제 상황에 대한 보고서를 만들어
주었다. 유경위 이후 같이 일한 박사들은 연구원에 남거
나 정책위로 옮겨갔다. 정책위의장이 된 윤호중의 보좌
관으로 간 사람도 있다. 이래저래 그들이 나에게 만들어
준 보고서를 문재인에게 최종 보고하거나 약간의 가필을
하는 정도의 비공식적 역할을 했다.

6

대선이
끝나고 난 뒤

박근혜 탄핵으로 12월 대선이 5월로 당겨졌다. 문재인은 대통령이 되었다. 애들을 보면서 틈틈이 글을 쓰면서 사는 나의 삶은 변하지 않았다. 정권이 바뀌고 라디오 진행 같은 몇 가지 제안이 방송국에서 왔지만, 언제 아이가 아파서 병원에 뛰어가야 할지 모르는 처지에서 고정적인 약속을 할 수 없었다.

그 사이 내 삶에도 작은 변화가 생겼다. 아내가 갖고 있던 몇 개의 적금통장을 깼고, 보험도 하나 깼다. 내가 쓰는 돈은 가급적 아껴서 썼지만, 그렇다고 아주 쪼들리지는 않았다. 에어컨 같은 내구재는 손이 떨려서 사지 못했지만 그래도 아이들을 데리고 틈틈이 여행도 다녔다. 아내는 워낙 돈을 안 쓰는 스타일이라서 줄일 게 없었고, 나는 많이 줄였다. 아버지께 빌린 돈을 갚으려고 했는데, 아내는 둘째 병원 다니면서 쓴 천만 원은 시아버지께서 주신다고 했는데 아직 안 주셨으니까 나중에 갚아도 된다고 했다.

대선이 있던 해 1월에 아내가 취직을 했다. 농협 차

장 시절, 아내의 월급은 우리 집 생활비보다 100만 원 정도 많았다. 작은 연구소에 취업했는데, 이제는 아내 월급이 생활비에서 100만 원 모자랐다.

- 어디 가서 100만 원만 더 벌어오면 되겠네.

새로 출근하면서 아내는 나에게 100만 원만 더 벌어오라고 했다. 내가 책을 35권 정도 냈을 때였다. 어디서 들어오는지도 모르는 인세와 때때로 쓰는 원고료를 합치면 그 정도는 되었다. 어쨌든 나는 100만 원만 벌어오면 되는, 왠지 모를 부담감으로부터 벗어난 삶을 살게 되었다. 촛불집회도 끝났고 대선도 끝났다. 더는 신경 쓸 일도 고민할 일도 없었다.

대선이 끝나고 정세균이 밥을 먹자고 불렀다. 아무 생각 없이 갔다.

- 우 박사, 나한테 부탁할 일 있으면 하나만 해봐요.

그날 정세균은 부탁할 게 없느냐고 했다. 몇 년을 만났는데, 그런 얘기를 한 적이 없었다. 언제나 내가 이거 해라, 저거 해라, 여기 가라, 그건 좀 참으라고 얘기하던 처지였다. 순간 머릿속에서 온갖 생각이 휘몰아쳤다.

내 주변에서는 문재인이 대통령이 되었는데 왜 이러고 있느냐, 찾아가라는 얘기부터 정세균이 너를 위해 뭐라도 해줄 거라는 등 별의별 소리를 다하고 있었다. 몇 초간 생각했고, 금방 마음을 먹었다.

 - 저, 유경위 사람들, 의장 공관에서 식사 한번 하게 해주세요.

총선 전까지 많은 사람들에게 도움을 받았는데 정세균은 국회로 갔고, 나는 집으로 오면서 변변하게 해단식도 못했다. 내가 챙겼어야 했는데 아이가 아파서 하지 못했다.

 - 그거야 쉽지.
 - 가족동반으로요. 저희가 그 양반들 신세만 지고 못 챙겨드렸습니다. 제가 했어야 했는데 저도 꼴이 이래서요.
 - 가족동반, 좋아요, 껄껄껄.

정세균이 웃었다. 내가 본 정세균 웃음 가운데 가장 밝았다. 늘 다크한 인간이고, 생각이 많다고 놀렸지만 그 순간의 웃음만큼은 정말로 밝았던 기억이다. 국회의장이 부탁 하나 해보라고 했는데 사람들 밥 한번 내라고 말한 내가 옳을까? 과연 나중에 후회하지 않을 자신이 있을까? 경제학과에 입학하면 1학년 때 최적화를 배운다. 주어진 예산 제약 조건 아래 최대의 만족을 계산하는 간단한 미분 수학식이다. 나는 모두가 웃고 즐길 수 있는 최적의 계산을 했다고 생각한다. 사람들에게 진 마음의 빚을 그렇게 내려놓고 싶었다.

며칠 후 토요일 저녁, 진짜로 남산 1호 터널 건너편에 있는 국회의장 공관에서 파티가 열렸다. 같이 일했던 사람들의 가족들과 자녀들을 나도 처음 보았다. 한상익 박사와 같은 테이블에 앉았는데, 말로만 듣던 딸을 처음 보았다. 정세균의 사모님도 윤호중의 부인도 그날 처음 보았다.

- 다음번에는 청와대에서 만찬을 하나요?

누군가 나에게 물었다. 국회의장 공관이 내가 할 수 있는 한도였다. 청와대 만찬은 나도 간 적이 없다. 나는 그냥 웃으며 고개를 저었다.

- 여러분들이 이번 대선에서 가장 큰 공을 세우신 분들입니다. 이 자리를 빌어서 다시 한 번 감사드립니다. 청년 일자리 공약 등 주요 공약을 여러분들이 만들어서 매우 기쁘게 생각합니다.

정세균은 짧은 인사말을 끝내고, 자리마다 돌아다니면서 일일이 인사를 나누었다. 나는 사람 이름을 잘 외우지 못하고, 특히 전화번호를 못 외운다. 하지만 이상하게 내가 갔던 술집, 마셨던 술, 안주는 다 기억한다. 인상 깊은 반찬도 거의 외운다. 쓸 데 없는 기억력이다. 그런데 이상하게도 그날 사람들의 말과 표정은 기억나는데, 무엇을 먹었는지는 접시 색깔만 기억나고 아무 기억이 없다. 나도 자리에 앉아 있을 시간이 없어서였던 것 같다. 조세분과장을 맡았던 김태유에게 정책 발표를 못하게 되어서 미안하다고 말해야 한다고 생각했는데, 막상 식구들과 있는 그에게 딱딱한 얘기를 하면 어색해질 것 같아서 난감했던 것만 기억난다. 박사들이 2차를 간다고 해서 윤호중에게도 같이 가면 좋겠다고 했는데 부인 눈치를 보며 힘들다고 답했던 것은 기억난다. 얼떨결에 그 자리에 잠시 앉았는데, 윤호중 부인이 철학이 전공이라며 서로 한참 웃었던 기억이 난다. 2차를 이태원 뒷골목으로 간 것과 어느 이자카야 집으로 갔던 것까지도 기억나는데, 유독 그날 저녁 메뉴만 기억나지 않는다. 어쩌면 나에게도 털어버리고 싶은 기억이 있었던 것인지도 모른다.

　　그렇게 내 삶의 한 부분은 다시는 돌아오지 못할 기억 속 한구석으로 들어가버렸다. 그날 옛 동료들과 함께 국회의장 공관을 나서면서 내 인생에 다시 이곳에 올 일이 없을 거라고 생각했다. 그런데 그 후로도 이런저런 행사로 밥 먹으러 몇 번 더 가게 되었다.

7

국회의장 시절의
추억

정세균이 국회의장으로 재임했던 2017년에 청소업무 담당 노동자 207명이 기간제 근로자에서 직접고용으로 전환된 것을 시작으로 2018년에는 국회청사 방호직원 등 79명, 2020년에는 국회 방송업무 담당 노동자 등 30명이 정규직으로 전환됐다. 지난 1일에는 용역업체와 계약 기간이 끝난 225명이 정규직으로 전환됐다. 이로써 국회 민간근로자 정규직 전환은 모두 마무리돼 541명의 비정규직 노동자가 고용안정을 보장받게 됐다.

- 새전북신문, 2021년 1월 4일

국회의장 시절에는 생각보다 자주 정세균을 만났다. 정세균은 자랑하고 싶은 게 많았는데, 이것도 누가 내용을 알아야 자랑할 수 있으니까 나를 불렀던 것 같다. 나는 솔직히 국회의장으로서 정세균이 큰 성과를 낼 거라고 생각하지는 않았다. 이유는 단순하다. 그는 개헌에 관심이 많았고, 그가 있는 동안에 어떻게든 개헌에 대한 성과를 내고 싶어 했다. 에너지도 많이 썼다. 나도 개헌이 필요하다고 생각하지만 우리나라 여건상 개헌은 턱도 없다고 생각했다.

9차 개정헌법은 1987년 6월항쟁 이후 6.29 선언이 벌어진 특수 상황에서 만들어진 것이다. 지금 한국 사회를 여전히 '87년 체제'라고 부르기도 한다. 그때 김종인이 헌법에 경제민주화 조항을 넣으면서 지금도 경제민주화의 산증인으로 큰 힘을 쓰고 있다. 우리 헌법은 시대에 많이 뒤떨어졌다. 그럼에도 더욱 큰 힘이 발생하는 특수 상황이 아니면 한 글자도 못 고친다.

얼마 전, 환경재단의 최열 대표가 밥을 먹자고 불렀다. 헌법 1조 3항에 지구 환경을 비롯한 시민들의 책무를 집어넣는 원 포인트 개헌운동을 하자고 했다. 나는 같이하겠다고는 했지만 현실에서는 쉽지 않을 거라고 말했다. 내가 처음 경제학자로 활동했던 순간부터 지금까지 수많은 사람들이 개헌을 얘기했지만 현실적으로 개헌이 이루어진 적은 한 번도 없었다.

지역에서 정책 충돌이 생기면 주민투표를 한다. 오세훈이 서울시장을 사퇴한 그 조항이 주민투표다. 경주에 원전에서 나오는 쓰레기를 안전하게 처리하는 방사능 폐기장(방폐장)이 갈 때에도 지역별로 주민투표를 했다. 해당 시설을 유치하려는 주민과 그렇지 않은 주민 사이에 엄청난 세 대결이 벌어졌다. 주민투표는 일상이 되었지만, 이보다 크고 중요한 국민적 사안은 국민투표를 할수 없다. 국민투표 부의권이 대통령에게 독점적으로 주어져 있고, 국가적으로 중요한 사안에 대한 해석이 너무 좁게 이루어지기 때문이다. 현실적으로 지역에서 가능한 것이 국가 차원에서 안 된다는 게 말이 되는가? 그래도 안 된다. 헌법을 바꾸기가 너무나 어렵다. 내가 생각한 대로 문재인 집권 이후에도 개헌은 이루어지지 않았다.

　- 그럼 우 박사가 와서 같이하든지.

　정세균은 우리끼리 밥 먹다 말고 개헌 필요성에 대한 감동적인 연설을 했다. 내가 안 될 거라고 하니 싫은 티를 내기도 했다. 그래도 나는 턱도 없다고 생각했다. 그렇다고 정세균이 국회의장을 하며 놀기만 했느냐, 그것은 아니다. 많은 사람들이 그의 공적이라고 생각하고, 동시에 많은 사람들이 폼만 잡고 사실은 별 거 아니라고 평가가 엇갈리는 국회 청소노동자들의 정규직 전환이 있다. 2016년 12월에 시작된 이 일은 정세균이 국회를 떠난 2021년 1월 4일에 마무리되었다.② 햇수로 5년이 걸린 일이다. 그사이에 국회의장이 계속 바뀌어서 이제는 박병석이다. 규모는 크지 않아도 이게 지난하고 어려운 일이다. 그 일의 출발은 좀 감동적이다. 정세균이 개헌을 얘기할 때 나는 하품을 겨우겨우 참았는데, 국회 청소노동자를 얘기할 때면 눈이 번쩍 떠졌다. 그 얘기는 여러 번 들어도 감동적이다.

미화원 문제는 홍익대학교 미화원 문제 등 때만 되면 주기적으로 사회문제로 나온다. 일본에 비해 한국이 노동의 질 문제에서 딱 하나 잘 버틴 게 있는데, 정규직은 우리도 그냥 뚫렸지만, 파견직은 일본보다는 좀 더 버텼다. 일본은 파견이 너무 커져가면서 파견회사가 대기업으로 성장할 정도가 되었다. 그만큼 일반 노동자들이 가져갈 임금이 중간에 파견회사로 빠져버린다. 일본 NTV에서 〈파견의 품격〉이라는 드라마가 공전의 히트를 친 적이 있다. 코미디 스타일이지만, 사실 슬픈 얘기다. 2013년 KBS에서 리메이크 되었는데, 〈직장의 신〉이라는 제목이었고, 김혜수가 주인공을 맡았다. 두 나라 상황이 달라서 파견직이 비정규직으로 바뀌었다. 그 문제를 국

②————
국회 비정규직 청소노동자 정규직 전환은 국민적 찬사를 받았다. 정세균은 국회의장 취임 기자회견에서 국회 청소용역 근로자의 간접고용 문제를 언급한 뒤 "빠른 시일 내에 이분들을 직접 고용할 방안을 찾아 공공부문 비정규직 문제 해결에 선도적으로 나설 생각"이라고 말했다. 그해 12월 3일 본회의서 2017년도 국회 청소용역 직접 고용을 위한 예산 59억6300만원이 통과됐다. 2017년부터 국회는 청소근로자를 무기계약직으로 직접 고용했다. 기존 청소근로자들은 2년 연속 근무하면 2019년부터 무기계약직으로 전환되었다.

회가 어떻게 처리하느냐가 논의의 핵심이다.

이 문제를 정세균만 알았던 것은 아니어서 전임 국회의장들도 풀려고 생각했던 문제다. 용역비로 되어 있는 예산을 월급으로 전환하는 일인데, 처음에는 쉽게 생각해서 담당 공무원을 부르고 차관을 불렀다. 예전 국회의장들도 그 정도는 했다. 나중에는 당시 총리였던 황교안도 만나고, 청와대 정책실장과 비서실장도 만났다. 상징적으로 국회에서 파견직을 정규직으로 전환하면 모두가 그렇게 요구하니까 안 된다는 똑같은 답변이 돌아왔다. 예산 문제가 아니라 정부 방침의 문제라는 것이었다. 전임 국회의장들이 이 단계에서 물러났다.

여기에서 승부가 들어간다. 작은 규모의 승부였지만 당에서 정책 라인을 새로 뽑고 예산을 확보할 때 당대표, 당 사무총장, 연구원장을 불러 앉히고 정세균이 원로로서 승부를 던지는 걸 본 적이 있다. 하지만 그건 정당 내부의 일이고 국가 일은 아니었다.

2016년 12월 2일, 국회예산안이 통과되는 날이었다. 12월 9일에 박근혜 탄핵소추안이 국회를 통과했으니까 딱 일주일 전이다. 오전 11시, 정세균이 경제부총리와 예산실장을 의장실로 불렀다.

그래? 그러면 한판 붙자. 오늘 이거 안 해주면 예산안이 예결위에서 넘어와도 나는 본회의에 상정 안 하겠다. 그리고 국민들한테 이것 때문에 못 한다고 말하겠다. 그러면 내가 옳은지 당신들이 옳은지 국민들을 상대로 싸움을 해보자. 내 정치 생명을 걸고 한판 붙겠다. - 국회의장단 구술총서 정세균편

500조 원 되는 우리나라 예산안 통과를 걸고 정세균은 국회 청소노동자 문제를 놓고 승부에 들어갔다. 우리나라는 습관적으로 여야 예산안 조율이 막판까지 되지 않아서 날짜를 넘기곤 한다. 처벌받는 사람은 없지만 그래도 법은 지켜야 한다. 이 정도면 국회의장이 아니라 깡패다. 비슷한 승부를 정세균이 한 번 더 던지는데, 코로나 한가운데에서 비정규직의 보상 규정을 놓고 반대하는 기획재정부에게 "이 나라가 모피아들의 나라냐"고 말해서 한바탕 파란이 난 적이 있다. 겨우 국회 청소노동자 문제로 국회의장이 예산안 자체를 자신의 직권으로 상정하지 않겠다고 하는 건 내가 봐도 깡패나 하는 일이다. 나도 몇 년 동안 국회 예산업무를 했지만 이런 기상천외한 깡패짓은 상상하지 못했다. 엄격한 규격에서 생활한 공무원들이야 오죽했을까. 아마 돌아가서 깡패, 양아치, 할 수 있는 모든 욕을 했을 것이다. 그래도 여야가 합의한 예산안을 공무원들이 들고 버틸 방법은 없다.

그날 오후 3시에 기획재정부에서 한다고 연락이 왔다. 대신 대대적으로 홍보하지 않겠다는 약속을 했다. 국회 청소직에서 임금 조건 등 임금 단체협상은 이미 조정을 마친 상태였지만, 정규직 전환과정에서 해고되는 사람이 없도록 무기계약직 2년 등 행정적으로는 훨씬 복잡한 과정이 필요했다. 예산을 확보하고 방침을 정했다고 끝나는 일이 아니다.

일반적으로 행정에서 어떤 일을 시작할 때 대대적으로 홍보한다. 한국에서도 어느덧 비정규직이 문화로 자리 잡아서 아무리 간단한 문제라도 변화를 만들 때에는 엄청난 문화적 갈등과 재정적 불균형이 생겨난다. 보통은 시작할 때 엄청 티를 내지만, 중간에 생기는 파열음 때는 조용하다가 결국 일을 망치는 경우가 많다. 정세균은 기획재정부와 했던 약속이 있어서 이 일을 크게 홍보하지는 않았다. 신문 사회면 한구석에 잠시 나왔다가 사라졌다.

정부 예산안을 걸고 청소 노동자의 운명과 승부한 사례를 나는 들어본 적이 없다. 그런 건 신문에 거의 나오지 않는다. 물론 정세균이 폼은 잡았지만 아직도 국회 청소노동자의 삶은 크게 바뀌지는 않았다는 기사는 종종 나온다. 이 일이 마무리되었을 때의 기사는 더더욱 찾기

어렵다. 나의 검색능력이 별로여서인지 《새전북신문》 딱
한 곳에서만 찾았다.

가끔 정세균이 국회의장을 하며 한 게 뭐가 있느냐
고 흉보는 사람들이 있다. 나도 딱히 할 말은 없지만, 그
럴 때마다 파견직이었던 국회 청소노동자의 정규직화를
위한 그의 승부수를 말한다. 그는 승부를 걸 줄 아는 사
람이고, 어려운 사람을 위해 승부 기술을 사용할 줄 아는
사람이다.

어렸을 때 자신이 가난했다고 말하는 사람들은 많
다. 하다못해 현대자동차 사장을 했던 전직 국회의원 이
계안도 찢어지게 가난했던 어린 시절을 종종 얘기한다.
하지만 자신의 능력과 지위를 정말로 힘든 사람들을 위
해 쓴 사람은 보기 어렵다. 많은 사람들이 자신이 어렸을
때 가난했다고 얘기해도 나는 그닥 감동하지 않는다. 그
런 얘기는 보통 자신이 그 어려움 속에서도 성공했는가,
그런 맹활약을 돋보이게 하는 장식품 그 이상도 그 이하
도 아니다. 내가 기업에서 혹은 국회에서 보았던 많은 사
람들은 실제로는 더 높은 곳으로 올라가기 위해 자신의
능력을 더 높은 사람처럼 돋보이게 하는 경우가 많았다.

그런 나도 정세균이 가난하고 어려운 시절을 살았

다는 말은 믿는다. 그의 관심이 여전히 우리 사회의 가장 어려운 곳과 우리가 일상적으로 보면서도 애써 외면하는 어두운 곳에 가 있음을 그의 삶에서 보았기 때문이다.

> 우수한 성적으로 초등학교를 졸업한 나는 어려운 집안 사정 때문에 중학교 진학은 포기해야만 했다. 나는 1년 넘게 산에 가서 나무를 하며 화전을 일궜다. 내가 해온 장작으로 아궁이에 불을 지피고 난 다음 고무래로 재를 긁어모아 글씨도 쓰고 알 수 없는 그림을 그리며 심란한 마음을 표현하면 기분이 조금 나아졌다.
> — 정세균 검정고시 합격수기 『산골소년 국회의장이 되다』

가끔 사람들에게 정세균을 소개할 때 화전민 출신이라고 얘기하면 믿는 사람이 별로 없다. 보통은 어렸을 때 잠시 가난했을 거야 혹은 그래도 웬만큼은 살았을 거야, 이런 반응이 대부분이다. 나도 그렇게 넉넉한 편은 아니었지만 정세균처럼 학교에 가지 못하는 것과는 거리가 멀었다.

대학교 3학년 여름방학 때 친구들과 텐트 들고 정읍에서 광주까지 여행한 적이 있다. 백양사 근처에서 이틀 밤을 잤는데, 그때 처음으로 화전민촌을 보았다. 내가 아는 화전은 유학 시절 경제인류학 수업에서 아프리카와 중남미에서 들었던 게 전부일 뿐, 우리나라 화전민에 대해 진지하게 배운 기억이 없다. 그래도 학교를 가지 못할 정도로 매우 힘들었다는 사실 정도는 이해할 수 있다.

나는 정세균에게 좀 더 다크하고 문제를 해결할 수 있는 사람으로 여생을 살아가라고 종종 잔소리를 한다. 해맑고 우아하지만, 실제로는 아무것도 문제를 해결하지 못하는 사람보다는 가난한 사람들을 위해 문제 하나라도 해결하는 편이 훨씬 낫다고 생각한다. 모든 신문이 국회 예산안이 새벽에 마무리되어 오늘 통과된다고 보도하던 순간, 경제부총리를 불러서 "이거 해결하지 않으면 오늘 국회 예산안 통과는 없다." 그렇게 다크한 방식으로 승부를 던지는 사람이 우리의 미래를 위해서는 훨씬 낫다고 생각한다.

미래는 누구도 모른다. 하지만 국회의장 시절의 정세균을 돌아보면 박근혜 탄핵소추안을 통과시킨 일을 그가 잘한 일로 꼽지는 않는다. '땅땅땅', 국회 의사봉을 치는 건 그가 아니더라도 누구든 했을 일이다. 실제로 탄핵에 찬성하는 의원들을 모으고 설득하는 일은 정세균이 한 일이 아니다. 중립을 지켜야 하는 국회의장이 뒤에서 그렇게 다녔다면 큰일 난다. 그러나 몇 명이라도 어렵고 힘든 사람의 경제적 운명을 개선하는 일은 사회에 미치는 효과는 적더라도 확실히 잘한 일이다. 그런 승부라면 더 다크하고 더 깡패 같아도 된다고 나는 생각한다.

8

못 이기는 척하고,
그냥 총리 하세요!

2020년 총선의 계절이 돌아왔다. 그사이에 나는 민주당에서 몇 번 요청을 받았다.

제일 큰 건 박홍근이 을지로위원회 위원장이 되면서 부위원장을 해달라는 부탁이었다. 워낙 중요한 일이고 필요한 일이어서 잠시 고민했는데, 애들을 봐야 하는 처지에 일을 크게 벌이기는 어려웠다. 박홍근은 오래전 시민단체에서 일할 때 서울의 풀뿌리 민주주의와 관련해서 서울시민포럼에서 함께 일한 적이 있었다. 고맙지만 어렵다고 했다. 김해영이 청년미래연석회의를 만들면서 위원으로 참여해달라고 했는데, 그건 특별하게 손이 가거나 엄청나게 많은 고민을 해야 하는 건 아니라서 시간 맞춰 회의 참석하고 의견을 제시하는 정도로 참가했다.

정세균은 국회의장 임기를 마치고 광화문 구석에 사무실을 열었다. 자주 놀러오라고 했는데, 아이 보는 처지에 자주 갈 형편은 안 되었다. 내가 하는 일이 모두 잘

된 건 아니다. 엎어지고 망가지고, 어떤 건 잘 되고, 그렇게 허덕거리면서 살았다. 대체적으로는 헤매는 시절이었는데, 그사이 낸 몇 권의 책이 그런대로 버텨서 다시 사회과학 저자로 돌아왔다.

이낙연과는 그 시절에 처음 만났다. 이낙연 보좌관이 이낙연에 관한 책을 냈는데, 그 책의 추천사를 써주었다. 겸사겸사 대학로의 작은 카페에서 커피를 마셨다. 그전에 따로 보거나 일해본 적이 없어서 개인에 대해서는 잘 몰랐다. 이재명과는 짧지만 몇 개 일을 같이한 적이 있어서 조금은 안다. 가끔 통화하거나 문자를 주고받는 정도는 된다.

정세균이 국회의장을 마치고 국회의원을 한 번 더 할지 고민하지 않았던 것은 아니다. 전례가 거의 없고, 그렇게 권할 일도 아니라고 생각했다. 홍사덕과의 선거도 그랬고, 오세훈과의 살 떨리던 선거는 더더욱 격전이어서일까. 정세균은 종로를 떠나는 것을 아쉬워했다. 어쩌면 그는 내가 현실적인 전례 같은 것은 무시하고 그냥 국회의원 한 번 더 하는 걸 찬성하기를 바랐는지도 모른다.

– 보기 흉해요.

하지 말라고 했다. 원래 정치인은 중요한 결정사항이 있을 때 다양한 경로로 사람들의 의견을 듣는다. 어느 의견이 맞는지 참고하려고 물어볼 때도 있지만 자기가 이미 마음을 정하고 그 대답을 듣기 위해서 묻기도 한다. 정세균은 20대 국회 전반기 2년의 국회의장 임기를 마치고 다시 민주당 당적을 갖게 된다. 아직은 현역 국회의원이지만 그렇다고 무엇을 할지는 정해지지 않은 기간이 있었다. 달리 할 것도 없는 그는 종로에 한 번 더 출마하는 방법을 열어놓고 있었다. 바로 은퇴할지, 국회의원을 한 번 더 하고 은퇴할지, 그런 고민의 시간이 있었다.

소설『당인리』2장에는 '토정로 56-엇갈리는 운명의 두 남자, 만나다'라는 제목의 절이 있다. 마포 당인리 발전소 인근에 한강과 함께 당인리발전소가 보이는 식당이 있다. 같은 건물에 카페가 있는데, 그 카페에서 인근 정경이 잘 보인다. 이 토정로 56이 미래를 고민하던 정세균과 밥을 먹었던 자리다. 토정은 토정비결을 만든 이지함의 호인데, 그가 근처에 살았다고 해서 이름이 붙었다. 특별한 의미는 없고, 그냥 여의도가 가깝고, 주차가 편해서 그리로 갔던 기억이다. 장소는 정세균이 정했다. 그날도 아무 생각 없이 갔는데, 마침 소설『당인리』를 마무리하며 빈 이야기를 채워 넣기 위해 소소한 고민을 하던 시점이었다. 토종로 56, 그 자리에 가자마자 운명 같은 생각이 들어서, 남자 주인공 한정건과 그와는 또 다른 결말을 맞는 최철규가 서울에서 다시 한 번 만나는 장면을 그 건물을 중심으로 다시 설정했다. 어쩌면 내 인생에도 정세균이 뭔가 애틋한 감정으로 남아 있었는지도 모른다. 별 생각 없이 점심을 먹은 건물을 소설에 등장시킨 것, 왠지 마음이 그랬다.

　- 나, 이번에 총리는 안 하려고.

　그는 앉자마자 총리 생각이 없다고 했다. 나중에 개헌이 되어서 국회가 추천하는 실세 총리면 모를까, 지금은 할 수 있는 것도 없는 대통령 중심제의 총리는 관심 없다고 말했다. 대신 경제에 밝은 몇 사람을 총리로 추천할 생각이라고 했다.

　이런 할배! 귀신을 속이지 나는 못 속인다.

　- 의장님, 못 이기는 척하고 그냥 총리 하세요.

　국가 서열 2위인 국회의장이 서열 4위인 총리가 된 전례는 없다. 하면 욕을 먹고, 안 하면 후회가 남는다. 나는 그냥 하라고 그랬다. 내가 보기에 그는 하고 싶은 마음이 있어 보였다. 괜히 특별한 일도 명분도 없이 국회의원을 더 하는 것보다 차라리 총리를 하는 게 낫다고 생각했다. 욕망이 나쁜 것은 아니다. 내가 공직을 더 맡거나 중요한 자리에 가지 않으려는 것도 나의 욕망 때문이다. 내가 원하는 대로, 내가 하고 싶은 대로 사는 것, 그게 지금 내가 사는 모습이다. 현재의 모습이 불편하면 또 다른 욕망을 찾아서 움직이겠지만 나는 욕망을 버린 것처럼 사람들에게 비치는 지금의 모습이 나의 진짜 욕망이다. 아무것도 하지 않는 것, 아이들과 노는 것, 그리고 소소하게 할 수 있는 일을 하는 것, 그것이 나의 욕망이다. 정세균의 욕망은 나와는 다르다.

그날 오후, 정세균이 총리직을 수락할 것 같다는 뉴스가 나오기 시작했다. 나 때문에 정세균이 총리를 할지 말지를 결정했을 거라고 생각하지는 않는다. 다만 국회의장이 총리를 한다고 욕을 먹지는 않을 거라는, 조금이나마 마음이 편안한 이야기를 내가 해주었다는 생각은 있다.

그렇게 정세균은 대한민국의 총리가 되었고, 이낙연은 그가 떠난 자리에 한동안 저울질을 하다가 결국 종로구에 왔다. 그 후, 황교안은 거의 정치 생명이 끝나는 패배를 당했다.

그때 아버지는 정세균 욕을 엄청 하셨다. 그 나이에 무슨 노욕이냐고 노발대발하셨다. 나는 아버지에게 빌린 돈이 있어서 꾹 참고 얘기를 들었다.

총리가 된 다음 정세균이 나에게 따로 연락하지는 않았다. 정세균이 국회의장이 되었을 때 그를 따라간 보좌진이 대략 50명 정도라고 들었다. 나는 나중에 문화체육관광부 장관특보로 간 이연재를 통해 정세균과 연락했다. 총리실은 필요 인원이 훨씬 적어서 50명 중 상당수가 자신의 길을 가게 되었다고 들었다. 정세균과 연락을 주로 맡아주었던 보좌관 이연재도 총리실로 가지 못했다. 이래저래 연락할 방법도 마땅치 않고, 그렇다고 대뜸 총리에게 연락해서 보자고 하는 것도 영 모양이 이상하다.

청와대 참모진 가운데에는 나와 정세균을 아는 사람들이 있는데, 그들은 총리실 소속으로라도 정책 라인으로 복귀해보라고 말하곤 했다. 나는 애들을 봐야 해서 어렵다고 대답했다. 정세균을 따라갈 거면 국회의장 시절에 벌써 했다.

총리 업무가 시작되자마자 팬데믹이 터졌다. 대구에서 난리가 났고, 정세균은 매우 바빠졌다. 나중에 '목요 대화'라는 총리 행사가 생겨나서 두 번 갔었다. 박용진이 같이 가자고 해서 나란히 옆에 앉아 있었다. 나이순으로 앉다 보니 오른쪽 끝자리에 기모란, 나, 그리고 박용진, 이렇게 세 사람이 쪼르르 앉아서 마치 공부 못하는 애들이 교실 뒤에 앉아서 떠드는 것처럼 속닥거리며 시간을 보냈다. 그때 막 기모란 팀에서 계산한 시뮬레이션 결과를 한참 들여다보았다. 기모란의 남편 등 그의 개인적인 일은 나중에 그가 청와대에 가면서 알게 되었다.[3] 그 인연으로 박용진이 기모란과 함께 국회토론회를 만들어서 독감예방 백신에 대한 긴급예산 편성을 주제로 논의한 적이 있었다. 실제로 그렇게 예산이 늘어났다.

③———

기모란. 공무원, 의사. 1965년생. 대통령비서실 방역기획관(2021. 4~), 대한예방의학회 코로나19대책위원회 위원장(2020~), 국립암센터국제암대학원 대학교 암관리학과 교수(2017. 3~).

9
노회찬의 죽음,
내 인생관의 변화

2018년 7월 23일, 노회찬이 죽었다. 그해 5월 정세
균은 국회의장 임기가 끝났다.

노회찬이 죽고 나서 내 인생관은 크게 변했다. 2004
년 6월, 민주노동당의 원내 진입을 앞두고 정말로 내 인
생의 절친이었던 이재영과 오재영, 그리고 노회찬과 별
의별 단맛, 쓴맛, 그리고 낄낄대는 맛을 다 보고 있었다.
밖으로는 농업과 식품위생, 그리고 급식을 함께 고민하
던 시민운동의 동지로 보였겠지만, 실제로 고양이를 키
우면서 고양이에 대한 얘기를 훨씬 같이하던 2008년 촛
불집회의 영웅이 되었던 박상표는 자살했다. 촛불집회
맨 앞에서 광우병에 대해서 매번 설명해주던 수의사, 그
가 박상표였다. 늙어 죽을 때까지 같이 놀 것 같은 사람
들이 참 많이 일찍 죽었다.

노회찬 학번은 지금도 모른다. 나이도 모른다. 손
석희와 같다는 것만 안다. 그런 거 신경 쓰지 않고 친구

로 살았다. 노회찬이 떠난 후, 정세균과 그런 사이로 지낸다. 어느 순간부터인가 위, 아래, 그런 개념이 사라졌다. 나도 존댓말을 쓰고 정세균도 존댓말을 쓰는데, 그건 노회찬과도 그랬다. 심지어 이재영과도 존댓말 반, 반말 반, 그렇게 대화했다.

노회찬이 갑작스럽게 떠나고, 나는 더 많이 웃고, 더 많이 명랑해지려고 노력했다. 인상 쓴다고 해서 죽은 사람이 살아 돌아오는 것도 아니다. 아직 시간이 있을 때 산 사람들을 한 번이라도 더 보고, 조금이라도 위로하는 게 낫겠다는 생각이 들었다. 정세균이 고민 있거나, 하고 싶은 말이 있을 때 더 들어주고 같이 고민했던 것은 노회찬의 죽음이 미친 영향이 컸다.

정세균은 나와 일을 같이 시작한 2014년 겨울부터 언제나 대통령이 되고 싶어 했다. 문재인이 당대표가 되었던 당직 선거에 출마를 포기하고, 그다음 대선에서 나는 그에게 출마하지 말라고 조언했다. 오세훈을 이기고 대선에 나가지 않기로 결정한 다음 그가 내린 선택은 국회의장이었다. 국회의장이 되기 위해 대선 출마를 접은 건 아니고 대선 출마를 포기하고 국회의장 쪽으로 노선을 정했다. 그 뒤로는 그의 대선 출마에 반대하지 않았다. 정책을 다루거나 승부를 볼 때에는 정세균처럼 기가 막히게 일을 처리하는 사람을 본 적이 없다. 하지만 반대 급부로 대중에게는 인기가 별로 없다. 나가봐야 힘만 들고 상처만 받을 것 같다는 생각이 많았지만, 그래도 그가 마지막에 해보고 싶다는 일을 반대하지는 않았다. 아마 하지 못하게 되면, 평생 그 순간만을 바라보면서 살았던 사람이 암에 걸려서 죽을지도 모른다는 두려움이 생겼다. 그것보다는 해보고 싶은 일을 하는 게 나을 것 같다. 친구에 대한 우정 같은 것이다.

정세균과 지냈던 사연을 마무리하는 마지막 순간에 또 다른 사람을 등장시켜서 독자들에게는 미안하지만, 그래도 사건의 흐름을 알기 위해서 한 명이 더 나와야 한다. 산업통상자원부의 전직 차관인 오영호는 내 삶을 말하기 위해서는 어쩔 수 없이 등장해야 하는 인물이다.

DJ 시절, 청와대에서 일하는 것을 고민해보라는 제안을 받았다. 나는 새벽부터 출근하는 일은 못한다고 했다. 한방에 거절했다. 그런데 무슨 흐름이 있었는지 청와대 대신 총리실에 파견근무를 나가게 되었다. 내 앞의 전임자들은 에너지경제연구원에서 파견을 나갔는데, 그게 에너지관리공단으로 바뀌었다. 그때 나를 총리실로 데려간 사람이 국장 시절의 오영호이고, 그는 국무조정실의 산업심의관이었다. 아내는 예전의 내 상사들을 대부분 우스운 사람들이라고 생각한다. 심지어 현대자동차 사장을 했던 이계안도 별로라고 생각한다. 그런 아내가 전화기에 대고도 절하는 딱 한 사람이 바로 오영호다. 그가 차관 시절 한국서부발전의 사외이사로 나를 추천했고, 덕분에 아무것도 없던 데뷔 시절에 강연을 하지 않고 책 쓰는 것에만 집중할 수 있었다. 내 인생에 가장 고마운 사람을 얘기하면 아내는 거침없이 '오영호 차관'이라고 말한다. 정세균을 비롯한 수많은 사람들을 아내는 죽도록 일만 부려먹은 사람들로 기억한다.

그런 오영호가 집에 와서 포도주 몇 병을 마시고 돌아간 적이 있다. 정세균이 대선 출마를 할 테니까 같이 일하자는 거였다. 나는 고개를 저었다. 오영호 차관의 얘기에 고개를 저은 건 그때가 처음이다. 며칠 후, 정세균이 먼저 연락해서 점심 식사를 같이했다. 그날 메뉴는 기억난다. 설렁탕을 먹었고, 갈비구이가 반찬으로 나왔다. 하지만 콩나물 무침이 제일 맛있었다. 정세균은 오래 전에 내가 써주기로 한 책을 지금 써달라고 부탁했다. 그와 지냈던 시절과 자료를 보완해서 언젠가 그의 삶에 대해 책으로 쓸 생각이었다. 오세훈에게 종로에서 져서 은퇴하든 아니면 국회의장으로 은퇴하든, 그가 은퇴하고 나도 한가해지면 다음 사람에게 그가 살아온 삶을 보여주고 싶은 생각으로 내가 쓰겠다고 했었다. 그 일을 지금

해달라는 거였다. 어쩌면 그의 은퇴는 생각보다 아주 늦어질지도 모르겠다. 2016년 총선을 생각하면 이미 그의 은퇴는 아주 늦어졌다, 그 시절에는 국회의장을 하고 총리를 하게 될 거라고 아무도 생각하지 못했다.

어쩌면 정세균은 나보다 오래 살지도 모른다. 정세균과 원혜영, 노인네들이 왜 이리 정정한지, 나보다 훨씬 힘이 좋다. 요즘은 내 장례식에 이 사람들이 모일지도 모른다는 생각을 가끔 한다. 뭘 먹고 다니는지, 정말로 나보다 몇 배는 활동적이다.

2020년 총선 때, 심상정과 자주 통화했었다. 비례대표 의석을 다투느라 여야 모두 위성정당을 만들던 시절이다. 그 협상을 했던 심상정이 엄청나게 욕먹던 시절이다. 그리고 젊은 여성들이 비례대표 앞 순위로 오면서 '심상정 키즈'니 노욕이니, 무지무지 욕하던 시절이다. 한번은 주말에 아내와 애들을 데리고 강화도에서 해물칼국수나 먹으려고 운전하는데 심상정에게서 전화가 왔다. 방법이 없어서 스피커폰으로 통화했는데, 아내와 애들이 숨죽이고 그 얘기를 다 듣게 되었다. 애들이야 무슨 말인지 못 알아듣겠지만 아내가 옆에 있었다. 이 사람도 욕하고, 저 사람도 욕하고, 속상하다고 했다. 나는 심상정이 외롭고 답답한 상황이라는 생각이 들었다. 원래 흉이라는 건 누구를 말하는지, 평소에 어떤지 알아야 재밌다. 아내에게 지금 심상정이 누구에게 전화를 걸어 속을 풀겠느냐고 얘기했다. 그때 노회찬이 생각났다. 나는 노회찬의 마지막 몇 달 동안 그렇게 같이 수다를 떨지 못했다. 내 인생에서 지워지지 않을 아픔으로 남을 것 같다.

형식적으로는 조언 혹은 자문 형태이지만, 심상정은 총선을 치르며 답답한 얘기를 나에게 많이 했다. 통화시간도 아주 길었다. 친구에게 그 정도 일은 해줘야 한다. 노회찬 이후 나는 생각도, 살아가는 태도도 많이 바뀌었다.

시간이 있을 때, 여유가 있을 때, 사람들에게 좀 더 잘하며 살아야겠다.

정세균을 위해 지나온 시간을 되짚어보는 것은 나에게는 조금은 고통스러운 일이었다. 즐거움은 아주 잠깐이고 괴롭고 힘든 시간이 훨씬 많았다. 그래도 친구와의 추억이라고 생각하면서 무의식 저편까지 살펴보는 시간을 가졌다. 사람들이 잘 모르는 어떤 나이 많은 친구의 또 다른 모습을 소개하는 것은 "내 친구 정세균을 소개합니다" 같은 일이다. TV에서 보는 모습이나 신문에서 보는 모습과는 또 다른 모습이 있다.

노회찬 이후, 나는 오랫동안 보지 않던 친구들을 조금씩 만나기 시작했다. 민주노동당 원내대표가 된 배진교는 고등학교 친구다. 개그맨으로 다시 돌아가지 않을 것 같지만 '컬투'의 미친 소 정찬우도 고등학교 친구다. 지난해 배진교, 정찬우, 그리고 전직 검사였던 친구와 위스키를 마셨다. 검사, 국회의원, 개그맨이 술 마시면 술값은 누가 낼까? 그런 얘기를 나누다가 그냥 내가 술값을 내고 나왔다. 금융회사 간부를 그만두고 충남 홍성에서 돼지농장을 운영하는 친구도 좀 더 자주 보려고 하고, 울산에서 근무하는 초등학교 친구를 만나려고 여름휴가 때 식구들과 울산으로 내려가기도 했다. 예전에는 정신없이 살아서 친구들을 볼 생각을 하지 못했다.

　　내 인생에도 정권교체를 위해 아이들을 내팽개치고 뜨겁게 보냈던 몇 년의 기억이 있다. 그 시간에 대한 보상으로 정세균이라는 친구가 남은 건지도 모른다. 그렇게 보낸 시간을 다시 회상하고 싶지 않지만, 같은 시간을 정세균과 보냈던 시간으로 포장하면 우정의 시간으로 바뀐다. 삶은 그런 건지도 모른다. 언젠가 정세균이 정말로 은퇴하면 세계 일주까지는 아니더라도 해외여행은 같이 갈 수 있을 것 같다. 성경에 이렇게 씌어 있다고 알고 있다.

　　- 너희는 서로 사랑하라.

우리가 살아서 이 땅에서 만들고 싶은 세상은 서로 사랑하면서 살 수 있는 세상이 아니겠는가?

정세균은 호기심이 많은 사람이다.
대부분의 정치인은 표가 되지 않거나
공을 세울 일이 아니면 금방 따분해 한다.
정세균은 달랐다.
해보지 않은 방식으로 논리를 정리하고,
익숙하지 않은 분야의 새로운 이야기를
듣는 것을 좋아했다.
그 시절에 정세균과 고민했던 내용은
나중에 생각해봐도 신선했다.
그걸 정리한 책이 『사회적 경제는 좌우를
넘는다』이다.

나는 정세균에게

좀 더 다크하고 문제를 해결할 수 있는 사람으로

여생을 살아가라고 종종 잔소리를 한다.

해맑고 우아하지만, 실제로는 아무것도

문제를 해결하지 못하는 사람보다는

가난한 사람들을 위해 문제 하나라도

해결하는 편이 훨씬 낫다고 생각한다.

모든 신문이 국회 예산안이 새벽에 마무리되어

오늘 통과된다고 보도하던 순간,

경제부총리를 불러서

"이거 해결하지 않으면

오늘 국회 예산안 통과는 없다."

그렇게 다크한 방식으로 승부를 던지는 사람이

우리의 미래를 위해서는 훨씬 낫다고 생각한다.

대통령이 바쁘면 좋을 것 같지만, 그것도 비정상적인 것이다. 대통령의 인기만으로 한 국가를 통치할 수 있는 경제적 크기를 한국은 이미 넘어섰다. 많은 기능적인 결정은 시스템이 작동하고, 내부에서나 외부에서나 많은 토론이 있어야 한다. 넓게 보고 길게 보는 최종 결정 과정이 있어야 한다.

4장

좀 더 모던한 한국을 위한 잔소리

1

오세훈이
돌아왔다

2021년 4월 보궐선거와 함께 오세훈이 서울시장으로 돌아왔다. 한때 새누리당의 혁신 3인방으로 오세훈, 남경필, 원희룡을 언급하던 시절이 있었다. 이제 남경필은 정치를 떠났고, 제주도지사가 된 원희룡의 인기는 예전 같지 않다. 2020년 총선에서 오세훈은 추미애가 법무부 장관으로 떠난 광진 을에서 청와대 대변인 출신인 고민정에게 졌다. 연거푸 두 번이나 총선에서 지면 정치를 계속하는 게 어려울 텐데 오세훈은 오뚜기처럼 다시 일어났다. 서울의 전 지역구에서 오세훈이 이겼다. 아마도 지금 당장 다시 총선을 치르면 민주당 국회의원 가운데 서울에서 살아서 돌아올 수 있는 사람은 극소수일 것이다.

그사이에 정의당은 더욱 어려워졌다. 한때 정의당의 젊은 리더였던 김종철이 당대표로 새로운 흐름을 만들 거라고 기대를 모았지만 장혜영 의원 성추행 사건으로 사람들 앞에 다시 서기가 쉽지 않게 되었다. 장혜영은 예전 강사 시절에 내 수업을 들었던 학생이다. 아주 개성

강하고 친구들 사이에서도 이미 리더 역할을 하고 있었다. 경기도 이천의 어느 농민이 막걸리를 잘 만들어 경기도가 주최한 대회에서 2등을 했었다. 그가 직접 담근 막걸리를 보내줘서 몇몇의 학생들과 우리 집에서 막걸리를 마신 적이 있었다. 그때 우리 집에 왔던 학생들 가운데 장혜영도 있었다. 나는 장혜영이 개성 넘치는 정치를 할 거라고 생각했다. 있으나 마나, 천편일률적으로 생각하는 사람들과는 다른 길을 열 거라고 기대했다. 우리는 왜 이렇게 상처가 많은가? 아마 김종철은 정치의 길로 돌아오기는 어려울 것이다. 그 사건의 여파로 정의당은 보궐선거에 후보를 내지 않았다.

그 선거에서 나는 그냥 TV만 보았고, 오태양에게 투표했다. 오태양은 안철수가 〈청춘 콘서트〉를 할 때 총지휘했던 스태프였다. 안철수와 오태양? 법륜 스님은 외부에는 불교에 기초한 상담으로 알려져 있지만, 생명평화 운동의 중요한 세력이다. 그렇게 생명평화 운동에 참여한 많은 활동가들이 청년 문제를 살피려고 〈청춘 콘서트〉를 열었고, 당시 대중적으로 가장 유명했던 안철수가 합류했다. 안철수가 정치를 하기 위해 〈청춘 콘서트〉를 떠나고, 남겨진 활동가들이 오랫동안 고민하다가 청년당을 만들었다. 그 세력이 녹색당과 함께 한국의 작은 미니 정당의 한 세력으로 남은 것이다. 방송인 김제동이 오태양의 선거운동에 나섰다. 김제동도 〈청춘 콘서트〉 강연의 한 축을 맡았었다. 경북대학교에서 열렸던 〈청춘 콘서트〉에 김제동과 참여한 적이 있다. 그 이후, 오태양과는 아주 각별한 사이가 되었다. 안철수가 떠나고 한동안 〈청춘 콘서트〉를 끌고 간 사람은 배우 김여진이었다. 홍익대학교 앞에서 행사를 같이한 적이 있다. 우리 사회는 오태양에게 우호적이지 않다. 독일 녹색당 초창기에 젊은 정치인 페트라 켈리가 상징적인 인물로 떠오른 적이 있었다. 젊고 똑 부러지는 연설 덕분에 인기가 어마무시했다. '녹색 잔 다르크'라는 별명도 붙었다. 45세의 나이에 권총을 맞고 죽었다.

그 선거에서 오태양의 친구이자 '가덕도 신공항 반대'를 외친 미래당 부산시장 후보인 손상우에 대한 지지를 표명했다. 민주당이 가덕도 신공항을 전면적으로 내세운 선거에서 부산의 젊은 생태주의자들이 손상우를 지지했다. 나도 작게나마 뜻을 보탰다. 국무총리실에서 신공항 재검토를 시사한 후, 한국의 정치는 매우 빠르게 다시 토건으로 돌아갔다.

그렇게 나는 내가 있던 '비주류의 비주류', 그야말로 마이너의 마이너, 풀뿌리 민주주의와 생태주의 운동을 하는 사람들 사이로 돌아갔다. 그게 자연스러운 나의 삶

이다. 박근혜 탄핵을 외쳤던 촛불집회 때는 이 모든 세력
이 한자리에 모였다. 하지만 마이너의 마이너, 오태양과
녹색당 사람들의 삶에는 아무 변화가 생기지 않았다. 양
지와 음지, 따뜻한 곳과 배고픈 곳의 차이만 극명하게 갈
렸다. 내 주변에는 평생 시민운동으로 살아가면서 도시
빈민으로 살아가는 사람들이 더욱 많아졌다.

　　환경운동연합에서 평생을 일했고, 생활협동조합과
관련된 일을 늘 상의하던 최재숙 상무가 지난겨울 격무
중에 심장마비로 죽었다. 군대를 갓 다녀온 아들과 남편
을 세상에 남겨놓았다. 나보다 다섯 살 많은데, 지난 20
년 동안 서로 이것저것 물어보고 상의해온 친구다. 한 번
도 편하게 쉬지 못하고, 영광도 보기 힘든 시민운동 뒤편
에서 일만 하다가 죽었다. 기억과 추억만 마음에 묻었다.

　　오세훈이 시장으로 돌아오는 모습을 보면서 최재
숙 생각이 났다. MB와 오세훈의 시장 시절, 최재숙의 남
편인 양장일이 서울환경운동연합 사무처장이었고, 문화
연대 사무처장은 지금종이었다. 그 사람들과 청계천을
반대했고, 서울시 관제 행사였던 〈하이 서울 페스티벌〉
을 반대했고, 세빛섬에 대항하는 조직을 만들었다. 생협
등 사회적 경제를 오세훈이 핍박할 때 최재숙과 한살림
같은 조직과 같이 싸웠다. 한강에 크루즈를 띄우고 용산

에 여객터미널을 만든다고 했을 때에도 이 사람들과 함께 싸웠다. 그 후, 양장일은 시민운동을 떠났고, 지금종은 중앙단체인 문화연대를 떠나 제주도로 떠났다. 지금은 강릉에 있다. 그 시절을 같이했던 형님 계열로 함께 싸웠던 '함께하는시민행동' 사무처장 하승창은 안철수와 함께 정치의 길로 갔다. 서울시 행정부시장을 거쳐 결국 청와대로 갔다. 한때 시민운동의 영웅이었던 많은 사람들이 양장일이나 지금종처럼 떠나거나 물러났고, 나머지는 청와대로 갔다. 물러난 사람과 올라간 사람들, 어쨌든 2000년대 중후반에 시민운동을 함께했던 사람들 가운데 남은 사람이 별로 없다. 그 빈 공간을 최재숙 같은 사람들이 지키고 있었다. 형님들이 영웅놀이하거나 뻘짓하는 순간 혹은 자기들끼리 싸우느라 정신없던 시절에 내 집처럼 지키고 버텼던 최재숙이 먼저 죽었다. 떠나간 누님, 우리가 영웅놀이하고 살았던 시절이 헛되게 느껴졌다.

DJ가 집권하고, 한참 떠오르는 신진 여성학자였던 조한혜정에게 교육부 장관을 부탁했었다. 조한혜정은 장관 대신 영등포 직업학교의 대안적 운영을 부탁했다. 우리나라 대안교육의 메카이자 나중에 사회적 경제의 산실이 된 '하자센터'다. 2006년에 MB의 뒤를 이어 서울시장에 당선된 오세훈은 하자센터가 마음에 들지 않았던 것 같다. 싹 없애는 게 힘드니까 어떻게든 흔들려고 했다.

그 프로그램에 참여했던 어린이들을 비롯해서 많은 학생
들이 "시장님, 우리 학교 없애지 말아주세요"라고 편지
를 썼던 기억이 난다. 결국 하자센터가 쓰던 부지 일부에
유스호스텔을 만드는 정도로 타협해서 겨우겨우 넘어가
는 것을 지켜봤다. 다시 시장이 된 오세훈은 사회적 경제
를 대거 정리하겠다고 했다. 그 얘기를 들으며 생활협동
조합의 대모 역할을 하던 '에코생협'의 최재숙이 세상에
없음이 문득 슬퍼졌다. 생활협동조합과 사회적 경제와
관련된 일이 생기면 제일 먼저 상의하던 사람이 최재숙
이었다. 그는 이제 세상에 없다. 같이 상의하던 사람들이
몇 사람 더 있었는데, 그들도 이미 환갑을 넘겼고 현장에
서 뭔가 할 수 있는 상황이 아니다.

서로 '생명파'라고 불렀던 우리는 이제 늙어가고, 새
로운 사람들은 더 이상 춥고 배고픈 운동에 뛰어들지 않
는다. 일본의 운동권을 형성하던 68세대가 시간이 흘러
가면서 늙고 노회해진 것처럼 한국에서도 비슷한 현상이
생겨났다.

오세훈이 시장으로 다시 돌아오자 시민운동은 방어
선을 어디에서부터 만들어야 할까 고민하고 있는 듯하다.
사실 나도 모른다. 학생운동 시절에도 도망을 잘 다녀서
잡혀가지 않았는데, 지금까지 살아오면서 딱 한 번 벌금

형을 받은 적이 있다. MB가 서울시장 때 은평 뉴타운 관련 기자회견을 가졌다. 아주 칙칙한 싸움이었다. 사람들은 대법원까지 가자고 했는데, 그 시절 건강도 좋지 않아서 길게 송사를 이어갈 형편이 아니었다. 그냥 약식기소로 벌금 100만 원을 내고 털었다. 하지만 MB가 대통령이 되고 CBS에서 김미화가 진행하던 방송을 편파방송으로 몰아세우며 결국 대법원까지 갔다. 2심 때 재판석에 증인으로 섰다. 결국 이겼다. 이기기는 했지만 상처만 가득한 승리였다. 라디오의 어느 구석에서 내뱉은 정부 비판이 행정조치로 이어져 결국 법정까지 갔던 시절이었다.

그 시절이 다시 올까? 오세훈의 복귀는 큰 흐름이 한 번 바뀌었음을 받아들이게 해주었다. 문재인 집권 초기, 세상이 변할 것 같았다. 그러나 세상은 변하지 않았고, 서울을 중심으로 한 아파트값 상승은 뭔가 정상적이지 않다는 생각을 만들었다. 예전 같으면 '조지스트 논쟁'①이라도 있을 법한데, 문재인 정권에서는 헨리 조지를 축으로 하는 조지스트의 힘이 너무 강했다. 그런 논쟁은 없었고, 코로나 국면에서도 집값은 잡힐 줄 몰랐다. 역설적인 일이다. 참여정부 때 이정우와 김수현 같은 조지스트가 전면에 나섰고, 그때도 집값이 폭등했다. 문재인 정부에서 다시 김수현이 힘을 썼고, 김현미는 유능한 사람이지만 경제 메커니즘은 잘 몰랐다. 그리고 조지스트 김수현이 정책실장으로 승진했고, 마무리는 변창흠이 나섰다. 그러나 변창흠 역시 조지스트인 건 마찬가지였고, 조세로 너무 많은 일을 하고 싶어 했다. 조세로 부동산을 잡은 역사는 거의 없다. 각 주마다 다르지만 조

①————

헨리 조지는 19세기말 고전파의 토지경제 이론을 확립한 경제학자이자 정치인이다. 오늘날 주류 경제학의 뿌리가 된 신고전파 경제학자들과 대립논쟁을 거치면서 주류 경제학의 변방에서 명맥을 유지하고 있다. 한국에서는 대구가톨릭대학교 전강수 교수(경제학)와 진보 경제학자들을 중심으로 헨리 조지의 이론이 명맥을 이어왔는데, 그를 신봉하는 이들을 '조지스트'라고 부른다. 헨리 조지의 기본 철학은 천부 자원으로 무상으로 주어진 토지에 대해서는 사유는 부당하며, 모든 사회 구성원이 똑같은 권리를 누리게 하자는 평등지권 사상을 기초로 한다. 시장을 중시하지만 토지는 본질적 특수성으로 자본이나 일반 상품과는 다른 높은 공공성을 부여해야 하며, 토지에 대해서는 모든 국민이 권리를 갖고 있기 때문에 토지에서 나오는 불로소득에 과세해 평등한 혜택을 누리도록 해야 한다는 것이다. 즉, 노동과 자본에 의한 '근로소득'과 토지에 의한 '불로소득'을 구분하고, 토지의 사적 소유는 불로소득을 발생시켜 부의 집중과 불평등을 심화시키며 지속적 진보에 필요한 평등과 자유를 파괴한다고 보는 것이다. 이를 위해 토지 불로소득에 대한 과세를 강조하는데, 토지소유권은 사유를 인정하되 토지를 임대해 발생하는 소득인 지대는 불로소득으로 보고. 이를 세금으로 징수하고 그 수입을 국민에게 균등하게 배분하는 방법이 그가 주장하는 토지가치세다. 헨리 조지는 인류의 진보가 정신력(mental power)에 의해 추진되며, 평등 속의 어울림이 진보의 법칙이라고 봤다. 문명이 쇠퇴하는 이유는, 사회가 발전하면 불평등해지는 경향이 있고, 이것이 개선과 사회 발전의 원동력을 억제하기 때문이라고 주장한다. 이를 해결하기 위해 불로소득인 토지지대(地代)를 세금(토지가치세)으로 거둬들임으로써 경제적 불평등이 해소되면 진보를 가로 막는 문명의 쇠퇴에서 벗어날 수 있다고 주장했다.

세율이 1퍼센트 가까운 미국에서도 버블은 생긴다. 여기에 LH 사태가 터졌다.② 누가 LH를 끼고 도는지 일단 해체하고 기능에 따른 재구성 정도의 결정을 해도 상관없어 보였는데 "해체를 감수하는 강도 높은 개혁"이라는 첫날의 반응은 이내 사라졌다. 한국전력에 대한 불만이 높아지면서 민영화 분위기일 때 한국수력원자력을 포함한 5개 발전 자회사를 한전에서 독립시키고, 한전은 송전 시스템 등 배전만 하는 걸로 한전 개혁을 한 적이 있다. 한전에서는 큰일 날 것처럼 말했지만 시스템은 다시 안정화되었다. LH공사는 본래 두 개의 회사였고, 다시 나눈다고 해도 별 문제가 없어 보였다. 정권을 지킬 것인가, LH공사를 지킬 것인가? 너무 간단한 문제처럼 보였지만, 청와대는 LH공사를 지키는 쪽으로 결정을 내린 것 같다.

②————

한국토지주택공사(LH)의 일부 직원들이 2018년부터 문재인 정부의 3기 신도시 중 최대 규모인 광명·시흥 신도시 사업 지역에 100억 원대의 토지를 투기성으로 집중 매입했다는 의혹. 2021년 2월 24일, 정부는 수도권 주택 공급을 확충하기 위해 광명·시흥을 3기 신도시로 추가 선정했다. 2020년 발표한 남양주 왕숙, 하남 교산, 고양 창릉, 부천 대장, 인천 계양에 이어 6번째 3기 신도시다. 그런데 신도시 사업을 집행하는 기관인 LH의 직원들이 내부 정보를 이용하여 대규모 투기에 나서면서 공직자윤리법상 이해충돌방지 의무와 부패방지법상 업무상 비밀이용 금지 위반은 물론 문재인 정부의 신도시 개발정책 관리에 오점을 남기게 되었다. LH 사태로 인해 문재인 정부와 더불어민주당의 지지율은 현 정부 들어 최저치를 기록했고, 결국 2021년 재보궐선거에서 국민의힘이 압승하는 요인이 되었다.

보궐선거는 민주당이 졌고, 오세훈이 돌아왔다. 시대가 변했다. 이제 서울의 청년들은 기꺼이 오세훈에게 투표한다. 짧게 보면 수많은 정치적 사건이 있겠지만, 길게 보면 결국은 경제에서 충분한 성과가 나지 못했고, 그 실망감이 "그놈이 그놈이다"라는 인식을 만든 거라고 볼 수 있다. 이미지의 세계에서는 절대적 선과 절대적 악이라는 건 존재하지 않는다.

2

대통령이
한가한 나라

2017년 벚꽃 대선이 끝나고 문재인 대통령의 인기가 절정을 향해 달려가던 어느 날이었다. 국회 안에는 일반인도 먹을 수 있는 이탈리안 레스토랑이 있다. 국회도서관 옆 건물에 있다. 국회에 들어가면서 식당 이름을 말하면 들여 보내준다. 6층에 자리해 한강이 잘 보여서 아는 사람들은 종종 이용한다. 위원회 시절 같이 고생한 실무자들을 불러서 국회의장이 점심을 산 적이 있다.

그날, 대통령의 일정에 관한 얘기가 화제에 올랐다.

– 쟤들이 대통령을 너무 잡아 돌리는 것 같아. 우 박사가 얘기 좀 전해줘요.

젠장. 대통령 일정이 지나치게 **빡빡해** 보이는 데 다들 동의했는데, 내가 무슨 대통령에게 핫라인이 있는 것도 아니고, 그럴 처지도 아닌데, 나더러 얘기하라니! 가끔 정세균은 나를 과대평가하는 경향이 있다. 대통령이 당선되고 나서 전화번호는 물론이고, 별로 친하지 않은 측근들 전화번호까지 다 지웠다. 드라마 〈응답하라 1988〉에서 이적이 노래한 것처럼 "지나간 것은 지나간 대로"다. 혹시라도 이건 안 된다, 저건 안 된다, 그렇게 전화를 거는 참상이 벌어질까봐 큰맘 먹고 전화번호를 지웠다. 나도 살아야 한다. 새로운 정부에서 한자리 하지 않기로 했으면 깔끔하게 정리해야지, 대통령에게 따로 전화질해서 이래라 저래라 하는 사람으로 찍히면 이른바 실세들이 가만 놔두지 않는다. 그렇게 찍히면 진짜 이 나라에서 살아갈 방법이 없다.

– 대통령이 책도 좀 읽고, 사색도 해야 좋은 판단을 내리는데 너무 잡아 돌려. 저래서야 좋은 판단을 할 수 있겠어?

그날 정세균이 했던 말에는 나도 동의한다. 이승만은 진짜로 자기가 조선왕조를 잇는 거라고 생각했던 것 같다. 하필이면 전주 이씨다. 왕조의 마지막 후손이 조국에 돌아오는 것에 그렇게 반대할 이유가 있었을까? 공화국과 왕조는 아무 상관이 없다. 영국에는 아직도 왕가가 남아 있다. 덴마크의 크리스티안 10세는 국민들에게 엄청난 인기를 얻었다. 나치에 대해 공개적으로 반감을 보였고, 혼자 말을 타고 코펜하겐 시내를 돌아다니면서 덴마크가 살아있음을 국민들에게 보여주었다. 유럽에 왕가의 전통이 흔한 것처럼, 우리에게도 조선 왕가가 형식적으로 남았다면 최소한 공화국의 대통령을 왕으로 보는 이상한 문화적 전통은 덜했을 것 같다.

대통령이 바쁘면 좋을 것 같지만, 그것도 비정상적인 것이다. 대통령의 인기만으로 한 국가를 통치할 수 있는 경제적 크기를 한국은 이미 넘어섰다. 많은 기능적인 결정은 시스템이 작동하고, 내부에서나 외부에서나 많은 토론이 있어야 한다. 넓게 보고 길게 보는 최종 결정 과정이 있어야 한다.

정무 라인과 정책 라인이라는 은유를 계속해서 사용하면, 초기 대통령 주변에서는 정무 라인이 너무 강했다. 그건 당대표 시절에도 마찬가지였지만, 그때는 정당이라는 기본 틀이 있어서 최소한의 균형을 맞추려고 했다. 그 균형이 촛불집회에 의한 급작스러운 대선, 그리고 대통령의 인기에 의해 무너졌다. 여기에 대통령을 위한 변명을 추가하면 바로 임기를 시작해야 하는 긴박한 상황의 특성상 국정 전체를 돌아다보면서 크고 작은 튜닝을 하는 인수위원회를 거치지 못했다는 상황을 덧붙일 수 있다. 인수위원회를 가름하는 국정기획자문위원회가 열렸지만, 이미 국정이 시작된 상황에서 역할이 제한적일 수밖에 없었다.

이래저래 대통령의 인기를 높이는 것 외에는 돌파구가 없다고 생각한 사항은 이해할 수 있지만 정말로 그것만 한 것 같다. 이미지로 흥했고 이미지로 망했다. 냉정하게 말하면 그런 거 아닐까? 너무 많은 것들이 이미지를 위해 소모되었다. 모두 대통령의 입만 쳐다보았다. 미국도 연방제이지만, 연방을 이끌어나가는 대통령의 권한이 강하다. 틈틈이 대통령의 기자회견이 열리고, 별의별 질문이 쏟아진다. 그런 과정을 통해 좋든 싫든 많은 사람들이 판단할 기회를 갖는다.

나와 정세균이 받았던 인상을 정리하면, 정무 라인이 자신들의 힘을 구축하기 위해 대통령의 일정을 너무 무리하게 보여주기 식으로 잡는다는 것이었다. 초기에는 효과가 있다. 그러나 시간이 지나면 정책이 성과를 보여서 실질적인 변화가 사람들 손에 잡혀야 한다. 중장기 효과가 그렇다. 이 장기 효과가 발생하지 않았고, 결국 위기에 봉착하게 되었다.

대표적인 것이 'K 방역'이라는 용어다. 이게 참 난감한 용어다. 우리는 방역이라는 단어를 사용하지만 영미권에서는 쓰지 않는 용어다. 아주 간단하게 말하면 방역의 성과를 이어가기 위해 보건복지부에서 질병관리청을 독립시켰다. 이 부처의 이름이 왜 방역청이 아니라 질병관리청일까? 외국에서는 그런 말을 쓰지 않고, 그래서 자기 이름은 질병관리청이라고 쓴 것 아닐까? 미국은 CDC, Centers for Disease Control and Prevention, 질병통제예방센터라는 이름을 쓴다. 이게 상식이다. 전통적으로 우리는 방역을 행정용어로 써서 관습으로 자리 잡은 것인데, 사실 국제표준용어와는 맞지 않는다. 여기에 'K 방역'이라는 말이 느닷없이 등장했다. 코로나 국면 한가운데에서 일시적으로 안정화된 상황을 지나치게 정무적으로 해석하려고 했던 것은 지금 생각해봐도 지나친 일이었다. 'K 방역'이라는 용어가 정치용어가 되면서 국제적 소통에서 문제가 생겼다. 이게 간단한 용어로는 번역이 불가능하다. 어쨌든 국제적 홍보를 위해서는 번역이 필요하니까 현장에서는 결국 'K quarantine'이라는 용어를 썼다. 쿼런틴과 방역은 전혀 의미가 다르다. 코로나 초기, 일본에서 긴급 회항한 크루즈선 '다이아몬드 프린세스'는 정박상태를 유지해야 했다. 그게 쿼런틴이다. 중세시대에 취해진 매우 강한 행정적 조치를 쿼런틴이라고 불렀고, 이 용어가 너무 무서우니까 실제로 코로나 격리 때 영미권에서는 록다운, 셧다운 등 다른 용어를 썼다.

한때 재벌을 영어로 그 뉘앙스를 표시할 수 없으니까 외국에서 'chaebol'이라고 직접 발음한 적이 있다. 정식 용어로는 기업 결합을 의미하는 콘체른Konzern인데, 총수가 존재하고, 순환출자 구조, 여기에 비정상적으로 기형적인 모기업에 의한 지배구조를 기존 용어로는 담을 수 없어서 우리말로 그냥 표기하였다. K 방역을 영어로 번역하기 위해서는 방역 자체를 영어로 표기하는 수밖에 없다. K 쿼런틴에 대해서 어떻게 생각하느냐고 질문 받은 수많은 기자들이 당황스러웠을 것이다. K 쿼런틴이라니! 당연히 처음에는 당황하고, 그 뒤에는 웃었고, 그래도 뭐라도 말해야 하니까 "국가에 의한 과도한 개인 사생활 침해"라고 대답했다. 그리고 우리 언론은 외국이 한국 시민들의 자발적 참여를 폄하하거나 이해하지 못한다고 반응했다. 급기야 프랑스 변호사 한 명이 이건 받아들일 수 없는 일이라고 했을 때 주한 프랑스 한국대사관에서 반박문을 보내서 항의하는 일이 벌어졌다. 그 수식어가 뭐가 되었든 '쿼런틴'에 대해 물으면 나도 비슷한 대답을 했을 것이다.

어쨌든 방역 국면에서 우리나라가 매우 잘한 것은 맞다. 하지만 그 성과를 지나치게 국정홍보에 활용해서, 그야말로 정무적 결과물로 만들려고 한 것은 좀 심했다. 국가적 위기를 정치적 기회로 생각하는 것은 국정을 맡은 사람들이 해야 할 일이 아니다. 문재인 정부에서는 정무와 홍보의 기능이 너무 전면에 나왔다. '절제의 미학'

이 아쉬웠다.

올라가는 길이 있으면 내려오는 길이 있는 법이다. 야구는 144 게임을 한다. 126경기, 133경기로 늘어나다가 2015년부터 144 경기를 한다. 10개 팀이 있는 한국 프로야구가 12팀 체제인 일본 프로야구와 경기수가 같아졌다. 144 경기를 하면서 야구에 요행은 거의 없어졌다. 팀 운영 방식에도 변화가 생겼다. General Manager라고 부르는 단장 역할이 훨씬 중요해졌고, 2군을 어떻게 운영할 것인가가 결정적 변수가 되었다. 굳이 비교하자면 정권도 프로야구 한 시즌을 운영하는 것과 비슷해졌다. 5년은 긴 기간이다. 잠시 동안의 운이 계속될 수는 없다. 5년동안을 정무와 홍보만으로 버틸 수 있는 정권은 없다.

문재인 정부 홍보의 끝판왕 같은 게 'K 방역'이라는 용어일 것이다. 코로나 국면 전반기의 성과가 백신 확보차질로 여론이 뒤집어지기까지 그렇게 많은 시간이 걸리지 않았다. 경제를 선거 캐치프레이즈catchphrase로 썼고, 실제로 그 성과로 재선까지 했던 건 미국 클린턴 정부였다. 클린턴에게도 위기가 없지는 않았는데 워낙 경제적 성과가 좋았다. 대체로 5년 주기로 호황과 불황을 거듭하던 미국 경제가 클린턴 시절 10년 가까운 호황기를 만났다. 경제학 교과서를 다시 써야 한다고 말할 정도였다.

당시 클린턴의 '신경제'에 대해 IT 버블 등 평가가 박했지만, 결국 그 시절에 미국 경제가 실천했던 새로운 시도가 지금 시가 총액으로 맨 앞에 있는 기업들을 미국이 독차지하는 미국 경제의 새로운 전성시대를 열었다.

대통령이 바쁜 것, 특히 정무 일정, 아니 모든 행동을 정무적으로 전환시키는 것이 그날그날의 대통령 지지도를 관리하는 데 유리할 것 같지만, 정권 전체를 놓고 보면 그렇지 않다. 일자리 상황판을 청와대에 만들면 좋을 것 같지만, 그런 단기적 시각으로는 좀 안 좋은 게 아니라 완전 망한다. 프랑스 사회당의 올랑드가 절치부심 대통령이 되고, 일자리 상황판을 정말로 엘리제궁에 만들었다. 올랑드는 집권 내내 무기력했다. 결국 사회당은 대선 후보를 결선투표에 내지 못하는 군소정당으로 몰락했고, 올랑드 시절에 경제산업부 장관을 했던 마크롱이 독자 창당으로 중도정당을 만들어 대통령이 되었다. 프랑스의 좌파들은 극우파 대통령을 막기 위해 마크롱에게 투표하였다.

좀 더 모던한 한국을 위해 국민들은 대통령 뉴스를 좀 덜 보고, 대통령도 더 많은 독서와 사색을 하면 좋을 것 같다는 생각이 들었다. MB 초반, 청와대에서는 자신들이 얼마나 일을 열심히 하는지 보여주기 위해 '얼리 버드'라는 말을 언론에 흘렸다. 나는 MB 정권이 곧 위기에 봉착할 거라는 직감이 들었다. 그해 여름, 미국과 쇠고기 협상 문제로 촛불집회가 열렸고, 얼리 버드 시대를 끌어 나갔던 청와대 비서관들이 사직하고 청와대를 나왔다. 유감이라면 MB 청와대에서 그나마 좀 낫고, 머리가 돌아가던 사람들이 먼저 나왔다는 점이다.

국회의장인 정세균이 대통령에게 부탁한 이야기를 청와대 사람들에게 전해주기는 했다. 그렇지만 자기가 직접 전화하면 간단한 일을 왜 나에게 시켰는지는 이상했다. 대통령 메시지를 담당하는 사람들에게 얘기는 해 주었지만, 그게 보고로 이어질지는 모르겠다고 생각했다. 그 시절에는 대통령의 인기가 너무너무 높았다.

3

인사 실패,
스토리가 있는 인물이 망친
정권의 스토리

당 대표 시절 문재인이 겸임했던 직함이 인재영입 위원장이었다. 그 시절 인사영입의 기조 중 하나는 '스토리가 있는 인물'이다. 정당에서는 이렇게 해도 된다. 우리나라만 그런 것도 아니다.

『마스터 키튼』의 작가인 우라사와 나오키의 대표작인 유도 만화 『야와라』는 일본에서 폭발적인 인기를 끌었다. 결혼 전 혼자 살던 시절, 할 일이 없으면 만화 가게에서 만화를 보다가 짜장면 시켜먹는 걸 인생의 낙으로 삼았었다. 그 시절에 너무나 재밌게 봤던 만화가 『야와라』다. 한판승의 소녀, 정말 매력적인 캐릭터였다. 일본 여자유도 선수 다니 료코가 등장했을 때, 야와라의 현신이라고 일본 사람들이 열광했다. 우리에게도 유명해진 북한의 유도 선수 계순희가 1996년 애틀란타 올림픽에서 84연승 중이었던 다니 료코를 꺾고 금메달을 딴 적이 있다. 이래저래 인상 깊은 선수다. 일본 자민당의 장기독재를 깨고 민주당이 집권을 준비할 때 파란만장한 정치인 오자와는 다니 료코를 참의원 선거에 영입했다. 2009년 일본 민주당은 정권교체를 이루었지만, 3년을 버티지 못하고 2012년 자민당 아베 정권이 들어선다. 2016년 유신당과 합당하면서 민진당으로 이름이 변한다.

'스토리가 있는 인물'이라는 영입전략은 정당에서 아주 예외적인 특별상황에서만 써야 한다. 이게 일반전략이 되면 정당의 일상적인 내부구조가 취약해진다. 우리나라는 정당 내에서 재생산하고 재순환이 되는 정당정치가 워낙 취약해서 선거 때마다 영입하는 게 체질처럼 되었다. 하지만 길게 보면 언젠가 우리도 영입 없이 정당 자체적으로 우수한 인재를 성장시키는 방향으로 가는 게 바람직하다.

문재인 정부가 출범하고, 총선 때 영입하던 관성대로 '스토리가 있는 인물' 중심의 인재발탁 전략이 그대로 사용되었다. 문재인 정부의 인사는 여기서 망했다. DJ가 집권할 때 DJP 연합이라는, DJ와 JP의 공동집권 형식이 있었다. 그 바람에 개혁적인 정책을 충분히 펼치지 못했다는 비판이 따랐지만 최소한 사람을 임명할 때 그 범위가 넓었다. 이한동은 전두환 시절 검사 출신으로 영입되어 민정당 사무총장과 원내대표를 했던 전형적인 엘리트 검사이고, 전두환 사람이었다. DJ와는 전혀 어울리지 않을 반대편 사람이지만, 김종필과 박태준의 뒤를 이어 DJ 정부의 총리가 되었다. 요즘의 '스토리가 있는 인물'로 치면 스토리와는 정반대로 악명만 가득한 사람이었다.

사실 한국에 '스토리가 있는 인사'가 얼마나 있겠는가? 장관을 비롯한 많은 사람들은 임명직이지만, 정치를 하는 사람이라기보다는 해당 분야 행정과 정책을 총괄하는 사람이다. 사람들이 느끼는 감동만으로 그 일을 할 수는 없다. 정무적인 것과 정책적인 것이 구분되어야 하는데 정무적인 것이 너무 앞으로 왔다.

문재인 정부의 초대 경제부총리를 했던 김동연은 정부의 경제철학과는 맞지 않는 사람인데, 가난한 상고 출신 경제관료라는 점이 부각되어 문재인 정부 초대 경제부총리 겸 기획재정부 장관이 되었다. 그는 일반적인 공무원보다는 훨씬 유연하고, 기계적인 경제를 넘어서 환경이나 문화 등 다음 단계를 고민하고 있었다. 김동연이 기획재정부의 자문위원회를 강화하였고, 그 자문위원장을 우리가 다 아는 생물학자 최재천이 맡았다. 외부에는 청와대 정책실장이던 장하성과 최저임금을 놓고 갈등을 일으켜 둘 다 동시 경질된 정도로만 알려져 있지만, 김동연은 그것보다는 유능한 사람이라고 생각한다. 그 자문위원회에서 '그린 뉴딜' 같은 미래 의제가 중요하게 다루어졌다. 김동연의 후임으로 홍남기가 왔는데, 자문위원회 활동이 자체 결과를 낼 수 있도록 바로 해체하지는 말아 달라고 부탁한 사람이 전임자인 김동연이다. 최재천, 김동연, 그리고 홍남기의 개인적 사연들이 복잡하게 얽히면서 코로나 한가운데에서 '한국형 뉴딜'의 일환으로 '그린 뉴딜'이 전격적으로 포함된다. 애당초 원격진료를 포함한 디지털 뉴딜의 한 축으로 가는 걸로 디자인되어 있었고, 기획재정부는 물론 청와대도 그린 뉴딜을 넣을 생각이 별로 없다고 들었다. 막판에 최재천을 비롯한 원로급 인사들이 실낱같은 희망으로 뛰어다녔고, 결국 홍남기가 마음을 고쳐먹었다는 게 생태학자 최재천에게 들은 얘기다. 김동연은 유능한 사람이지만, 문재인 정부 초대 경제부총리로는 결이 맞지 않는다. 너무 정무적 판단을 앞세웠던 그 인사는 결국 서로에게 상처를 남겼다. 결국 김동연은 문재인에게 정면으로 맞섰던 관료로서 보수 쪽 영입 1순위 인사가 되었다.

그나마 김동연은 상대적으로 나은 인사였다. 그는 무능하거나 황당한 사람은 아니었다. 아마 그에게 그냥 청와대 총알받이나 심부름꾼이 아니라 기획재정부를 포함한 경제관료 체계에 대한 개혁방안을 주문했다면 어쩌면 역사는 전혀 다른 방향으로 흘러갔을지도 모른다.

다른 많은 인사들은 흉보는 것도 민망하다. 도대체 저 사람이 대통령과 무슨 인연으로 그 자리에 갔는지 현장에서 나에게 물어오기도 했다. 낸들 아나? 별 스토리가 있는 것도 아니고, 그렇다고 탁월한 업무능력이 있는 것도 아닌 사람들이 기관장으로 쏟아져 내려갔다. 심지어는 MB 시절부터 그쪽 일을 오래 해온 사람들까지 '스토리'라는 이름으로 포장되어서 내려갔다. 신문에 한 줄 나오고 끝나는 수많은 인사들에게 신문에서는 '운동권 낙하산'이라고 비난했다. 그나마 운동권 출신이면 좀 낫다. 고생한 사람에게 뭐라도 갔다고, 한 번 웃을 수는 있으니까. 중반 이후부터는 그런 것도 아니다. 사람들은 청와대 비서관 같은 실무진에게 주목했다. 도대체 이 나라의 권력은 어디에 있는 거야? 그럴 리는 없겠지만 일부 인사는 비서관이 자기랑 친한 사람들까지 다 시키고 나니까, 앞으로 잘 지내야 할 사람들을 배려했다는 소문이 돌았다. 눈물 나는 상부상조다. 최순실 같이 대통령에게 직접 연결되는 사람들이나 거대 문고리들을 치우고 나니까 청와대 행정관들이 너무 힘을 쓰게 되었다. 이게 뭔가 싶었다. 문재인 정부에는 최순실 급의 측근 실세도 없고, '박근혜 문고리'라고 할 정도로 오래된 가신도 별로 없다. 문고리 현상이 있기는 했지만, 그들 대부분이 청와대에서 나왔다. 대신 행정관들이 여기저기 개입하면서 '청와대 정부'라는 말이 돌기 시작했다. 급기야 박상훈이

'청와대 정부'라는 책을 내기에 이르렀다. 문재인 정부 역시 민주주의에 대한 분석보다는 조선왕조에 대한 은유가 정서적으로 와 닿는다.

조선의 후반기가 군정 등 흔히 말하는 삼정문란으로 어려워졌다고 배웠다. 같은 은유를 사용한다면 문재인 정권은 검사들의 항명이나 편파적인 언론 때문에 힘들어진 게 아니다. 중반기를 거치면서 '인사문란'으로 밑에서부터 붕괴했다고 보는 게 맞다. 인사는 인물을 선택하는 과정이다.

사람이 온다는 건

실은 어마어마한 일이다

그는

그의 과거와 현재와

그의 미래와 함께 오기 때문이다

한 사람의 일생이 오기 때문이다

정현종의 시 「방문객」의 한 구절이다. 이게 문재인 당대표 시절 방에 적혀 있었다. 문재인의 인재영입 원칙에 대한 정서적 배경이 바로 이 시다. 마음은 알겠지만, 통치를 '방문객'들만 가지고는 할 수 없다. 제일 잘하는 사람들로 구성해도 될까 말까인데 스토리를 가진 사람들로는 통치되지 않는다. 그리고 제대로 된 구도가 형성되지 않으면 아무리 스토리를 가진 사람들이라도 자신의 특기를 발휘하기 어렵다. 전후좌우 맥락 없이 스토리 중심으로 인사를 하다가 문재인 정부는 망했다.

한 가지 더 어려운 일이 생겼다. 스토리를 가진 성공한 사람들은 당연히 그렇겠지만, 잘 산다. 그리고 엄청나게 자기관리를 한 경우를 제외하면 그 과정에서 뭔가 감추고 싶은 일이 생기게 마련이다. 조인성과 정우성이 나왔던 영화 〈더 킹〉에는 "떡 만지는 손에 콩고물 안 묻었냐, 그냥 내둬버려라"라는 대사가 나온다. 자신이 사는 세계에서 성공한 사람에게는 콩고물이 손에 묻는다. 그걸 콩고물 정도로 보고 넘길 수 있는 사람이 있고, 도저히 참을 수 없는 국민적 감정이 있다. '석세스 스토리', 성공한 사람 위주로 인사를 하다 보니 청문회 넘어가는 일이 보통 일이 아니게 되었다.

능력이 있지만 따로 줄을 서지 않아 한직으로 내몰린 청렴한 공무원들이 우리나라에도 많이 있다. 사람이 없다고 하지만, 그건 스토리를 가지고 있지 않고, 높은 사람에게 줄을 서지 않은 수많은 청백리 같은 사람들을 살펴보지 않아서 나오는 말 아니겠는가? YS가 전격적으로 육군 내에서 하나회를 축출하면서 엘리트 군인들의 폐해에 대한 얘기를 많이 했었다. 하나회 같은 정치장교들이 '인싸' 놀이를 하는 동안에 야전사령관들이 지나치게 홀대받았다는 말을 많이 했었다.

인사는 어느 정권이나 어렵다. 매번 최선을 다한다고 하지만, 나름의 이유로 인사를 실패하고 정권을 망쳐먹고, 임기 말이 되면 대통령의 인기는 바닥을 헤맨다. 다들 다른 이유로 인사가 망했는데, 문재인 정권은 '스토리'가 망친 인사가 되었다. 문재인 정권 후기, 더 이상 스토리를 가진 사람들이 문재인을 도우려고 하지 않는다. 그래서 대통령은 청문회 제도를 개선하자고 말한다. 하지만 그렇게 얘기할수록 진흙탕으로 들어가는 길이다. 스토리에 의존한 인사로 여러 가지 효과를 한꺼번에 얻으려는 것, 정무적 판단이 모든 것의 앞에 가서 생긴 인사 참상일 뿐이다.

사람의 스토리를 모은다고 해서 시스템의 스토리가 되지는 않는다. 정책을 잘 설계하고 잘 구현할 사람이 장관이 되거나 담당관이 되어야지, 좋은 스토리를 가진 사람들로 채운다고 해서 정권의 스토리가 되지는 않는다. 개인이 아무리 유명해도 안철수보다 유명하지는 않다. 교과서에 나온 그가 정치를 한다고 했을 때 역사 속의 이순신 장군이 정치를 하는 것과 같다고 얘기하기도 했다.

사람들은 한 분야에서 잘 알려지지 않은 사람의 과거 스토리에는 관심 없다. 잠시면 잊힐 일이다. 그보다는 정권이 국민들 앞에서 새롭게 만들 스토리에 관심 있다. 과거의 스토리를 맞이하려다가 현재의 스토리를 망친 것이 문재인 정권 인사의 새드 엔딩이다.

4

충성심,
개나 줘버려!

"사람에게 충성하지 않는다."

국정감사에서 윤석열이 했던 말이다. 말은 맞는 말이고, 우리나라 50대~60대 정서로 보면 아주 모던한 말이다. 정권은 물론이고 회사 내에서도 공공연하게 충성심 얘기를 한다. 물론 검사동일체 원칙이라는, 아주 예전에 폐지된 독특한 상명하복 원칙을 신봉하던 사람이 충성 얘기를 하는 게 맞는지는 모르겠다. 많은 사람들은 윤석열의 얘기를 사람에 충성하는 게 아니라 조직에 충성한다는 얘기로 들었다. 사람이나 조직이나…….

박근혜 때 '문고리'라는 말이 대대적으로 유행했었다. 문고리 3인방이니 5인방이니, 하여간 문고리라는 말이 공식 행정용어처럼 사용될 정도였다. 그 규모는 조금씩 다르지만 정치인에게는 다들 문고리 현상이 생겨난다. 정치에 데뷔하던 시절부터 고생을 같이한 보좌관들이 있고, 일정을 짜고 수행하는 사람들이 생겨난다. 익숙해진 사람과의 익숙한 관계 때문에 능력과는 상관없이 오랫동안 그 자리를 지킨 사람들이 생겨난다. 인간들이 사는 세상에서 그런 일과 상관없이 모두가 드라이한 관계로만 구성되기는 어렵다.

여기에 소소하지만 피하기 어려운 딜레마가 있다. 승승장구하는 정치인이 아니라면 위기의 순간이나 추운 순간을 지나게 된다. 많은 사람들이 자기 밥벌이를 하려고 자기 길을 나서는데, 아주 충성심이 강하거나 혹은 무능한 사람들이 결국 주변에 남아서 춥고 배고픈 시기를 같이 겪는다.

정세균의 경우에는 정책위의장 시절부터 그와 같이 한 오래된 사람들이 있다. 장관을 하고, 당대표를 하면서 그와 같이 일하는 사람들이 점점 늘어났다. 당내 최대 계파라는 '정세균계'라는 말이 괜히 나온 것은 아니다. '술밥 공동체'라는 표현도 들었는데, 실제로 그와 지내보니까 술은 좀 아니다. 술자리가 가끔 있지만 체질상 술을 못 마셔서 괜히 옆에서 궁시렁 궁시렁 앉아 있으면 하나도 재미없다. 그가 당직 없이 국회의원만 하던 시절, 비서까지 포함에서 딱 아홉 명이 주변에 있었다. 그가 국회의장이 되었을 때 그를 따라간 사람들이 50명이라는 얘기를 들었다. 우와! 그렇게 많단 말이야? 총리는 국회의장보다는 보좌관 규모가 적다. 그래도 어지간한 장관의 몇 배다. 수행 등 일정, 메시지를 만드는 연설, 이런 곳에 자기 사람들을 자연스럽게 배치할 수 있다.

이렇게 오랫동안 수행한 사람들을 여의도에서는 관행적으로 '문고리'라고 불렀고, 그 사람들이 가진 힘을 '문고리 권력'이라고 부른다. 박정희 시절, 비서실장인 차지철과 정보부장인 김재규 사이의 알력은 결국 권총을 움직이게 되는 상황을 만들었다. 그래도 차지철과 김재규는 대통령의 측근일 수는 있어도 문고리는 아니다. 정보부장은 문고리가 아니라 문 그 자체다.

한 번도 어려움이 없이 높은 자리에 올라가는 사람은 없다. 프랑스 마크롱은 1977년생이다. 37세의 나이에 경제산업부 장관을 했고, 그로부터 3년 뒤 만 40세의 나이에 대통령이 되었다. 이 정도로 단기간에 한 사회의 스타가 되는 일은 매우 드물다. 43세에 미국의 대통령이 되었던 케네디는 법무장관을 한 동생 로버트 케네디가 늘 함께 있었다. 케네디가의 흥망성쇠. 문고리는 어디에나 생긴다. 문이 있으면 문을 열기 위한 문고리가 생기는 것은 당연하다.

커다란 권력 옆에는 그 길을 지키는 다양한 문고리

가 생겨난다. 정책에도 문고리가 생긴다. 정책실장이나 경제수석이 업무를 제대로 장악하지 못하면 그 밑에 있는 다양한 자리에서 조그만 문고리 현상이 생겨난다. 대표적인 것이 부처에서 파견된 공무원들이다. 나라를 위해 일하는 건지, 자기 부처를 위해 일하는 건지, 그야말로 부처 이기주의가 극에 달한다. 제임스 M. 뷰캐넌 James M. Buchanan②은 정부 부처 사이에 벌어지는 지대추구 현상을 '공공선택 이론'이라는 경지에 올렸고, 이걸로 1986년 노벨경제학상을 받았다. 국가라는 명분으로 정부의 각 부처가 자신들을 위해 행정행위를 한다는 게 노벨상 받을 정도로 중요한 이론이다. 문재인 정부 청와대에서 벌어진 크고 작은 문고리 현상들은 뷰캐넌의 노벨상이 왜 의미 있는지를 보여주는 실험실처럼 보인다.

그렇게 해서 발생하는 게 '충성심 현상'이다. 후보 시절부터 크고 작은 충성심 경쟁을 한다. 형태야 다양하

---

② '공공선택 이론(public choice theory)'은 1986년 노벨경제학상 수상자인 미국의 제임스 M. 뷰캐넌이 제안했다. 공공선택 이론에 따르면 '이기적 개인 대 공공의 정부'라는 가정은 환상이다. 국가와 정부를 위해 일하는 사람 역시 이기적인 동기에 따라 움직인다. 사회적 후생, 정의·복지 등을 내세우지만 실제로는 정부 기능과 규모를 키울수록 해당 부처가 이익을 얻는다. 결국 정부는 점점 몸집을 불리고 재정적자는 눈덩이처럼 불어난다. 이를 통해 뷰캐넌은 정치인의 위선이 성품 때문이 아니라 잘못된 정치제도에서 비롯된다고 봤다.

지만, 충성심을 보여주는 게 역시 중요하다. 그리고 청와대에 가면? 대통령이 아니라 자신에게 충성할 사람들을 윗자리로 올린다. 충성이라는 은유를 쓰면 국가에 충성할 사람들이 공무원이 되는 게 맞고, 대통령에 대한 충성심은 이상한 건데 문고리에 충성을 바치는 사람들이 발탁되고 더 윗자리로 가게 된다. 좋은 용어는 아니지만, 언론에서는 이걸 '대통령의 복심'이라고 표현한다. 그나마 복심은 좀 낫다. 대통령의 뜻이라도 제대로 파악하고 있으니 말이다. 복심도 아닌, 그냥 실무에서 행정문서를 만드는 첫 시발점이라는 이유만으로도 다양한 '임시 권력'이 생겨난다. 뭔가 한자리 하고 싶은 사람들 입장에서 보면 누구에게 줄을 서야 하는지, 누구랑 커피 한잔해야 하는지 찾아 헤매게 된다.

장하성이 정책실장으로 임명된 후, 여의도에서 볼멘소리가 나오기 시작한 것은 그가 추천한 인사들이 같은 학교 출신이라는 것이었다. "그가 그럴 사람이 아니다." 초기에는 나도 그런 얘기를 몇 번 했는데, 그런 소소한 것으로부터 장하성은 무너지기 시작했다. 대통령 비서실장의 출신 학교인 '한양대 권력'이라는 말이 나오고, 문재인 정부에서 다양한 대학교의 학연들이 기자들 입을 통해 번져나갔다. 그래도 장하성이 있던 시절에는 사람들의 비난이 장하성에게 집중되었다. 그 뒤로는 정책실장이나 경제수석 같은 사람들이 아니라 실권자로 더 밑에, 그야말로 들어본 적도 없는 사람들이 실권자로 거론되기 시작했다. 어디서 파견 나온 누구, 기업 출신인 누구, 이렇게 다양한 종류의 사람들이 거론되었다. 대통령은 뭐하고?

충성이라는 말 자체가 지금 20대들이 보기에는 올드하다. 충성해야 할 대상이 있다면 그건 국가이지 대통령에게 충성하는 것 자체가 좋은 접근방식이 아니다. 그러나 대통령이 되기까지 한 개인이 아니라 크든 작든 그룹이 몇 년간 '고난의 행군'을 하다가 겨우 그 자리에 간다. 그 뒤에 어떻게 할 것인가, 그런 시뮬레이션을 해본 경험이 없다. 없는 게 당연하고, 누가 미리 무엇을 할지 정해놓는 것도 말이 안 되는 일이다.

드라마 〈응답하라 1988〉에서 성동일이 연기한 아버지는 딸 덕선에게 이렇게 말한다.

– 미안해, 아빠도 아빠가 처음이야.

1987년 9차 개정헌법으로 세계사에서 유례없는 '5년 단임제' 대통령이 한국의 기본 시스템이 되었다. 전두환의 7년은 너무 길고, 2년을 줄여서 5년이 되었다. 중임제인 경우는 두 번째 임기가 있기 때문에 초임 때부터 긴장감이 생긴다. 2년 지나면 바로 중간평가가 시작되고, 카터나 아버지 부시처럼 재선에 실패하는 경우도 있다. '원 포인트' 개헌 등 우리도 4년 중임제로 가자는 얘기가 있지만, 단지 그 이유만으로 시스템을 고치기에는 설득력이 약하다. 아마도 4년 중임제로 헌법이 바뀌는 것보다는 전면적인 의원내각제가 빠를 것 같다.

문재인 정권 초중반에는 여권의 유력 인사들끼리 '한 자리'를 향한 '어깨싸움'이 극에 달했다. 크고 작은 문고리의 권력도 절정으로 치달았다. 문고리와 문고리가 부딪치는 일이 점점 많아졌다. 내가 아는 어떤 사람은 평탄한 인생을 살았다. 보수정권 시절에도 편안하게 살았다. 국가에 대한 충성심이 아주 없지는 않지만, 대통령에 대한 충성심 같은 건 있을 리 없고, 민주주의에 대한 믿음도 없었다. 그냥 편안하게 살다가 편안하게 정년을 기다리고 있었다. 문고리와 문고리가 충돌하자 그가 어부지리로 기관장이 되었다.

– 이놈은 얘가 싫다고 하고, 저놈은 쟤가 싫다고 하고, 어랍쇼, 이놈은 내가 싫네!

영화 〈신과 함께〉로 그야말로 신의 반열에 오른 김

용화 감독의 초기작 〈오 브라더스〉에 나오는 깡패들에게 상납받는 부패한 형사 이문식의 대사다. 문재인 정권 후반기로 들어가면서 "누구에게 줄 서야 한다" "누구에게 잘 보여야 한다" 이런 말이 좀 줄어들고 대신 "운 좋은 놈은 못 당한다"는 말이 돌기 시작했다. 소위 촛불정권도 이렇다면 대체 무엇을 위해서 사람들이 그 추운 날 촛불을 들었나, 그런 생각이 들었다.

시스템 상으로 어떤 시대, 어떤 사람이라도 권력 주변에서 문고리 현상을 피할 수는 없다. 정치도 사람이 하는 일이고, 통치도 사람이 하는 일이다. 인공지능AI이 통치를 한다고 해도 메인 소스 프로그램의 밑에 있는 서브루틴 같이 다른 프로그램에 비해서 좀 더 자주 사용되는 프로그램이 등장하게 된다. 시스템의 특성상, 완벽한 분산형 시스템이 아니라면 권력의 2인자, 3인자, 그렇게 사람들의 시선이 닿지 않는 곳에서 문고리 현상이 생겨난다.

현실에서는 국가에 충성할 것이냐, 지도자에게 충성할 것이냐, 아니면 윤석열처럼 조직에 충성할 것이냐, 그런 충성의 우선순위를 놓고 논리적 충돌을 빚는 것이 대통령 근처에서 벌어지는 현실이다. 이상하지만, 그래도 박근혜 때보다 더 이상한가, 그렇지는 않다.

- 기관장 준비를 하니까 주위에서 누구누구에게 돈을 주라고 합디다. 그건 좀 아닌 것 같아서 안 줬어요. 나중에 보니까 그때 돈이라도 주라고 했던 그 사람들, 다 감옥 갑디다.

박근혜 시절 기관장에 도전했다가 실패한 어떤 인사에게 들은 말이다. 그들 중에는 정책 라인 쪽 사람의 이름도 있었다. 그가 도전한 기관장이 그렇게 핵심기관도 아니고 한직 중의 한직이었는데도 그랬다는 거다. 그 시절에 비하면 문재인 정부는 그나마 양반이지만, 그렇다고 최적의 상황이라고 평가하기는 좀 그렇다.

어차피 지키지도 못하고 시대에도 맞지 않는 용어. '충성심' 같은 단어는 안 썼으면 좋겠고, '충성 맹세' 같은 단어가 언론에 나오지 않는 시대로 가면 좋겠다. 시대적 사명, 시대정신, 다 너무 무거운 단어다. "니도 모르고 내도 모르는 얘기, 말또 마라", 경상도 사투리를 쓰는 내가 아주 존경하는 학자가 늘 하는 말이다. 사실 우리는 자기도 모르고 남도 모르는 이야기를 너무 많이 한다. 한국 정치의 수사학에는 서로 모를 단어투성이뿐이다. 우리가 충성을 맹세하는 것은 MB와 함께 공식행사에 전면적으로 돌아온 국민의례 때 하는 '국기에 대한 맹세'로도 충분하다. 그러면 나라가 돌아가나? 그러면 더 잘 돌아갈 수도 있다.

스위스는 4년 임기의 7명의 각료가 연방각료를 형성하고, 1년씩 돌아가면서 대통령직을 맡는다. 누가 대통령인지도 모르지만, 지난 몇 년 동안 경제적 성과가 아주 높은 나라가 되었다. 1인당 국민소득이 어느덧 스웨덴을 추월해서 거의 세계 최고 수준에 도달하였다. 1945년 세계대전이 끝날 때, 스위스는 알프스 산골에 있는 가난한 빈국 정도로 여겨졌고, 프랑스와 독일 등 경제 강국의 주변에 있는 '위성경제'로 분석하던 나라였다. 대통령을 중심으로 국가가 강력한 리더십을 갖고 청와대에서 일하는 사람은 '스태프'로 부르며 당연히 대통령에게 충성할 거라고 간주하는 것, 이건 올드한 방식이다.

- 충성심, 개나 줘버려!

누군가 대통령에게 충성을 다하겠다고 얘기할 때 '그딴 거 필요 없다'고 청와대 직원이 말할 수 있는 시대가 더 좋은 시대다. 더 모던한 시대이기도 하고. 헌법을 당장 고칠 수 없는 지금, 우리는 매우 강력한 대통령제를 가지고 1인당 국민소득 3만 달러 시대를 맞았다. 더 앞으로 가기 위해서는 대통령이라도 부드럽고, 충성을 아랫사람들에게 강요하지 않는 '부드러운 통치' 시대를 만들어 나가야 한다. '소프트 파워', 그 정도는 현재의 제도에서도 할 수 있다.

대통령에게 충성하는 사람이 장관이 아니라 국민을 위해서 일 잘하는 사람이 장관이 되는 게 맞다. 대통령에게 충성할 것이냐, 참모에게 충성할 것이냐, 이런 현실적 딜레마를 극복하는 방법은 충성심 따위가 아예 기준이 되지 않는 시대다.

대통령이 정시퇴근하고, 나머지 직원들도 당직자나 해외 파트를 제외하면 정시퇴근하는 간단한 직장 민주주의의 실천으로도 지금의 많은 문제점은 풀린다. 이미 글로벌 기업이 된 대기업들도 점점 정시퇴근으로 가는데 청와대와 경제부처들만 죽어라 일한다. 한국은 이미 그렇게 죽어라고 일한다고 해서 돌아갈 수 있을 정도의 경제 규모를 넘어섰다. 비상상황이 아닌 다음에야 그렇게 할 이유가 없다. 마키아벨리의 『군주론』이후로 권력욕으로 근대국가를 설명하려고 많은 시도를 했다. 경제사상은 마키아벨리 시대의 중상주의를 넘어 고전학파가 유행했고, 그 이후 수정자본주의도 소비에트시대의 유물처럼 되어버렸다. 한국에서 모던을 넘어 포스트모던, 탈근대를 얘기한지도 20년이 넘어간다. 그러다가 대통령 얘기만 나오면 다시 제왕학의 시대로 돌아간다.

국민들은 청와대 인근에서 벌어지는 수많은 사건들을 알지도 못하고 알 필요도 없다. 그냥 정책적 성과로 판단한다. 막걸리 사주고 투표하고, '고향 형님'이라고 투표하던 시대는 이미 끝났다. 한국 자본주의는 이미 만개한 자본주의가 되었다. 이미지로 집권할 수는 있어도 그걸로 통치할 수 있는 시대는 아니다. 충성심 같은 얘기는 이제 그만하면 좋겠다.

5

밀실 안의 정책과
정책 민주주의

1983년에 나는 고1이었다. 10월 9일 아웅산 테러 사건이 벌어졌고, 많은 사람이 죽었다. 국가적으로 엄숙한 순간이었고, 라디오에서는 그게 이 사건과 무슨 상관이 있는지 모르지만 시벨리우스의 〈핀란디아〉만 계속해서 나왔다.

지금도 보수 쪽 할아버지들을 만나면 당시 미얀마에서 벌어졌던 아웅산 테러 사건이 없었다면 한국 경제가 어떻게 되었겠느냐고 물어보는 사람들이 있다. 당시 전두환 국빈방문을 수행했던 상공부장관, 동자부장관, 경제수석비서관 등 경제관료들도 많이 사망했다. 전두환의 총애를 받았던 그 경제관료들이 죽지 않았다면 한국 경제가 어떻게 되었겠느냐고 지금도 아쉬워하는 사람들이 있다.

박정희는 물론이고 전두환의 경제적 성과에 대한 평가에서는 여전히 찬반이 팽팽하게 나뉜다. 나는 개인 전두환에 대해서는 여전히 혐오하지만, 그의 경제적 성과에 대해서는 긍정적인 평가를 하는 경우가 많다. 그러다 보니까 보수 쪽 인사 중에서는 나에게 전두환에 대해 이것저것 물어보는 사람들이 있다. 아웅산 테러가 없었다면! 난들 알겠느냐?

큰애가 초등학교에 들어가고 글자를 읽게 되자 집에 박수동의 『오성과 한음』이 굴러다니기 시작했다. 나도 어렸을 때 그 만화를 굉장히 재밌게 읽어서 매우 반가웠다. 그 시절에는 나도 정말 할 일이 없어서 승정원 일기 고종 10년 9월 14일자 기사를 직접 찾아서 읽어봤다.

신의 선조와 오성은 과장(科場)에서 서로 사귀게 되었는데, 한 번 보고 매우 친밀해졌습니다. 이는 사적(史籍)에 실려 있는 바입니다. 어렸을 때부터 서로 사귀었다고 하는 것은 민간에서 속되게 전하는 바입니다. 나이는 오성이 신의 선조보다 5세 많습니다.

그날은 신하들이 왕에게 「시전」을 강의하는 날이었다. 이형덕의 10대손인 이병교가 마침 그 자리에 있어서 대답한 말이다. 다섯 살 차이가 나는 이항복과 이형덕이 친한 친구인 것은 맞는데, 어린 시절부터 절친은 아니라는 게 그의 후손이 고종에게 한 얘기다. 이 말을 차마 아들에게 해주지는 못했다. 나의 어린 시절의 로망도 그렇게 끝이 났다.

생각해보면 우리 역사에서 우정을 만화책으로 자식들에게 가르칠 사례가 별로 없다. 김유신과 김춘추도 엄청 친한 사이지만 우정이라고 표현하기에는 뭔가 거래 관계에 가깝고, 끈적끈적한 음모가 숨어 있을 것 같다. 오죽하면 김유신 여동생이 꿈을 거래한 전설 같은 얘기가 나왔겠나. 성삼문과 박팽년도 우정이 돈독하기로 유명하지만 사육신이 된 그들을 막 초등학교에 들어간 어린이에게 우정의 사례로 가르치기에는 좀 그렇다. 삼국시대부터 지금까지의 역사를 통틀어 우정으로 가장 유명한 사람들은 어쩌면 전두환과 노태우일지도 모른다. 대학을 같이 다녔고, 베트남 파병도 같이 갔다 왔고, 친구를 위해 전선에 있던 탱크와 부대도 동원했다. "친구야, 잠시 기다렸다 해라", 대통령도 순서대로 했다. 심지어는 감옥도 같이 갔다 왔다. 앞으로의 한국 역사에서 이보다 더 진한, 아니 더 무거운 우정이 나오기는 어렵다. 그렇다고 어린 자녀들에게 『오성과 한음』 대신 '두환과 태우', 이런 만화책을 읽게 하기는 어려울 것 아니냐. 어머니와 손주가 같이 뉴스를 보다가 5.18이 나왔다. 아들이 할머니에게 5.18을 물어봤다. 어머니는 5.18은 모르고 5.16은 안다고 대답하셨다. 어머니는 전두환 시절, 초등학교 교사 대표로 교육위원을 하셨다. 지금도 전두환이 가장 훌륭한 사람이라고 생각하면서 살아가신다. 손주가 물어본 5.18은 어머니에게 너무 잔인하고 대답하기 힘든 질문이다.

박정희 시대는 물론이고 전두환과 노태우 시절의 경제정책에는 중요한 것들이 많다. "YS는 못 말려", 지금도 YS는 사람들이 놀리는 최고의 개그 대통령이지만 금융실명제를 전격적으로 도입한 성과는 한국 경제의 역사만큼 영원히 남을 것이다.

- 이 시간 이후 모든 금융 거래는 실명으로만 이루어집니다.

1993년 8월 12일, YS가 전격 발표를 한다. 일본도 하지 못한 금융실명제를 한국은 군사 작전보다 더 긴박하게 전격 도입했다. 전두환과 노태우도 금융실명제를 여러 번 검토한 것으로 알고 있지만, 자신들의 비자금 문제까지 같이 열어놓아야 하는 것이라서 시행하지 못했다. 공무원계 야사로 전해 내려오는 비사로는 YS가 차관급 이상들에게는 알리지 않고 국장급 실무자들만 과천의 어느 아파트에 모아서 수능위원들이 수능 출제하듯이 비밀리에 실무 작업을 했다고 한다.

군사정권이 끝나도 군대식 경제정책에 대한 신화는 계속되었다. 정책은 원래 밀실에서 하는 것, 이게 상식이 되었다. 박정희가 외국에서 돈을 빌려와 기업들에게 나누어주는 차관경제와 전격적인 경제개발 5개년 계획은 신화가 되었다. YS의 금융실명제는 군사정권이 끝나도 경제는 소문이 나지 않게 몰래 해야 하는 것처럼 인식하게 만들었다.

밀실 안으로 들어온 정책은 군사정권이 끝난 지 수십 년이 지나도 정권의 엄숙주의는 물론 정책의 비밀주의 속에서 비밀리에 진행되게 만들었다. 좋은 전통은 아니다. '강남 좌파'라는 말을 만든 정치평론가 공희준이 박용진, 김세연과 대담집을 만들며 부동산 정책을 얘기하다가 "정부에 정책이 있으면 사람들은 대책이 있지요"라고 해서 당황스러웠었다. 정부가 정책을 세울 때 사람들은 대책을 만들어서 이에 대응한다. 부동산 시장은 완벽하게 이렇게 움직였다. 다주택자에게 불이익을 주었더니 '똘똘한 한 채'로 강남 집값이 더 올랐다. 공급이 부족하다고 3기 신도시 계획을 세웠더니 본격적으로 농지 투기에 나섰다. LH 직원까지 끼어들어 그야말로 정권적 위기에 봉착하게 되었다.

자본주의 역사는 군인들의 시대가 상인들의 시대에 밀리는 것과 일치한다. 초기 자본주의는 바로 군사주의와 결합해서 제국주의 시대가 되었고, 그 시절에 대통령이

나 수상들은 군복을 입었다. 그런 제국주의와 아무 상관 없는 대한제국의 고종도 군복을 입었다. 슈트는 19세기 영국과 프랑스의 장교복에 기원을 두고 있지만, 넥타이와 함께 금방 상인들의 옷이 되었다. 군인 방식으로 밀실에서 전격적으로 만들어낸 정책은 부동산과 함께 움직이는 개인들의 열정 앞에서 무용지물이 되었다. 청와대 정책 라인과 경제부처 장관들은 청와대 정무 라인들 앞에서도 힘을 못 썼지만, 시중의 상인정신이 만들어낸 대책 앞에서 정말로 허약했다. 연전연패, 이 정도로 야구에서 계속 지면 감독이 바뀐다. 자본주의 역사가 보여준 것은 군인들의 용기가 상인들의 이해를 이기지 못했다는 것이다.

2021년에도 여전히 예전 군인들이 하던 방식으로 밀실에서 계속해서 정책을 만들고 있지만, 상인정신으로 무장한 시민(!)들은 자신들의 생존권을 걸고 '영끌' '똑똑한 한 채' '미니 빌딩 투자' 등 대책을 만든다. 도저히 이길 수 없는 싸움이다. 애초에 '핀셋 정책'으로 시장을 하나씩 '모니터링' 하면서 '투기 세력'을 잡을 수 있다는 발상 자체가 이상했다. 이성계는 압록강의 작은 섬 위화도에서 만주벌판을 넘어갈 형편이 아니라고 회군하였다. 그리고 스스로 새로운 왕조를 만들었다. 문재인 정권은 이제 와서 회군할 수도 없고, 그렇다고 만주벌판을 넘어갈 수도 없는 수렁에 갇혔다.

과거와는 다른 게 우리가 만드는 많은 정책들이 그대로 정부 시책이 되지 않는다는 점이다. 경제개발 계획처럼 정부가 무작정 밀어붙일 방법도 없고 사람들도 가만히 있지 않는다. 정부의 입출납장부에 가까웠던 거시경제학이나 재정학보다 개개인의 행동을 면밀히 살피는 행동경제학이 유행을 선도하게 되었다. 재정 계산에서 '조삼모사'는 전형적인 간교함에 불과하지만 행동경제학에서는 새로운 현실일 수도 있다. 먼저 많이 주는 것과 뒤에 많이 주는 것, 엄연히 이해관계가 다르다. 코로나 2차 지원금에서 부자들에게도 일단 지원하고 다시 정산하는 방식이 제시되었는데 "줬다 뺏는 것은 안 된다"고 여권 일각에서는 강력하게 반대했다. 일부는 맞고 일부는 틀리다. 장부상으로는 더하고 빼면 같아지지만, 행정 행위상으로는 분명히 무슨 행위가 벌어진다. 아무 일도 없는 것과 같지는 않다. 다만 그것을 고소득층이 사회적으로 어떻게 받아들이느냐는 수용성에 대해서는 개개인마다 해석이 다를 수 있다.

문재인 정부에서 정책 결정의 특이점은 밀실행정과 언론을 통한 '간보기'라고 할 수 있다. 만드는 것은 밀실에서 하는 건 같은데, 뭔가 불안하니까 언론에 살짝 흘린다. 그리고 반응을 본다. 근엄하게 정부에서 엄정한 과정을 거쳐서 뭔가 결정한 것 같은 근엄주의는 마찬가지지만, 그렇다고 공개적인 토론회 같은 것은 거의 없다. 부동산 대책이 이랬고, 다른 민감한 사항들도 이와 유사한 흐름을 가졌다. 이게 공론화인가? 좀 어색하다. 원전에서 사용된 공론화 방식은 이름만 공론화지 행정의 책임 떠넘기기에 가깝다. 행정적 책임을 지고 직접 결정해야 하는데 궁지에 몰리니까 '공론조사'라는 궁색한 방식을 던지고 자신들은 쏙 빠져나갔다. 이런 얄은 방식으로 문제를 덮을 수 있다고 생각하는 것, 그리고 그렇게 순간만 모면하는 방식으로 국가 에너지의 장기계획 없이 대충 넘어갈 수 있다고 생각하는 것, 정말 민망한 일이다. 국가 경제의 중요한 많은 일들이 이렇게 대충 결정되었다. 안 망하면 이상하다.

IMF 경제위기 때 위기를 제때 파악하지 못한 재무 라인을 감옥에 보내야 한다는 흐름이 있었다. 물론 쉽지 않은 일이다. 그래서 정책을 입안한 사람들이 책임을 져야 한다는 정책실명제가 대안으로 떠올랐었다. 여전히 실효성을 확보하기는 어렵다. 그래도 그 시절에는 정책에 대한 논의가 좀 있었는데, IMF 경제위기가 사람들의 기억에서 멀어져가면서 누가 정책을 하느냐, 어떻게 하느냐, 이런 건 정치적 논의에 밀려서 논의 대상 자체가 되지 않았다.

그러는 사이에 정권은 몇 번 바뀌었지만 정책은 여전히 밀실에서 결정된다. 민주주의 시대, 정책 역시 밀실 바깥으로 나와야 한다. 그러나 현실은 아직 멀다. 철학자이자 프랑크푸르트대학교 명예교수 위르겐 하버마스 Jurgen Habermas가 말한 공론장의 연장선에서 TV 토론이나 경제 방송 같은 것을 통해 좀 더 깊은 이야기를 시민들과 나눌 필요가 있지만, 경제 방송 자체가 워낙 시청률도 낮고 인기가 없어서 현실적으로 여의치 않다. 정부와 청와대는 너무 엄숙하고, 정책을 다루는 경제 방송은 너무 재미없다. 양복을 입은 엄숙한 경제관료와 아무도 보지 않는 재미없는 방송 사이에서 "모든 게 문재인 때문이다"라는 팟캐스트와 유튜브 방송 혹은 검증되지 않은, 아니 검증할 수 없는 소문들이 빈 공간을 채웠다. 정책에 따라 개개인의 경제적 삶이 바뀌지만, 그 중요성에 비하면 같이 논의할 수 있는 공간은 터무니없이 작다. 정치에 비하면 정책에 할애되는 논의 공간 자체가 터무니없이 작은데 과연 정책이 주는 영향력이 그보다 작을까?

우리나라에서 밀실에서 결정되는 대표적인 정책이 최저임금이다. 형식은 위원회에서 공개적으로 결정하게 되어 있지만, 형식만 그렇고 내용은 대통령의 결심에 의해 결정하게 되어 있다. 노동자 측 9명, 회사 측 9명이 참여해서 서로 토론하고 양보하고 타협하면서 정하는 것처럼 되어 있다. 물론 이건 그냥 형식이다. 여기에 더해서 공익위원 9명이 참여한다. 그리고 이 사람들에 대한 위촉장은 고용노동부 장관이 준다. 현실에서는 사용자 측 위원들이 퇴장하거나 노동자 측 위원들이 퇴장하게 되고, 최저임금은 그냥 공익위원들이 정하게 된다. 그렇다고 공익위원들이 무슨 엄청난 권한이나 능력을 가진 것도 아니다. 오랫동안 이 제도를 운용한 프랑스 같은 경우는 이제 어느 정도 사회적으로 정착되어서 실제 위원회 내에서 밀고 당기기를 하면서 최저임금이 결정되지만, 우리나라는 정부에서 일방적으로 결정하는 게 현실이다.

나는 이 정도는 미국처럼 국회로 가는 편이 좀 더 공개적이고, 좀 더 정치적인 논의를 할 수 있어서 좋다고 생각한다. 청와대 사람들은 자기들이 알아서 올릴 수 있다고 국회로 가져가는 것을 반대했지만, 결국 제대로 올리지도 못하고 부작용만 많아졌다. 더 공개적으로 최저임금 논의를 하면 정치의 일부분이라 보수 쪽에서도 일방적으로 회사 편만 들어주기는 어렵다. 그리고 국회가 논의 주체가 되면 최저임금에 따른 부작용을 완화하기 위한 제도 보완도 국회 차원에서 한 번에 결정할 수 있어서 후속 조치도 부드럽게 전환될 수 있다. 지금은 고용노동부를 제외한 다른 부처에서는 그냥 "알아서들 해라" 지켜보기만 한다. 게다가 보수 쪽에서는 밀실야합이라고 단단히 벼르다가 소상공인 대책 등 최저임금 후속 조치에 대해서는 일단 반대하고 본다. 결국 한쪽이 퇴장하고 공익위원들이 결정하고 말 거라면 더 공개적으로 미국처럼 국회에서 법률처럼 정하는 것도 방법이 될 수 있다.

정책을 만들고 집행하는 쪽에서 밀실에 있는 것을 대화와 토론의 장으로 적극적으로 가져오지 않으면 당사자들의 협조를 구하기 어렵다. 우리나라도 커질 만큼 커져서 누군가 이익을 보면 당연히 또 다른 누구는 손해를 본다. 손해 보는 사람들의 적극적 항변을 듣고, 부족하더라도 뭔가 적극으로 반영하지 않으면 이행단계에서 거친 반대에 부딪힌다. 예전에는 그냥 결정해버리고, 반대하는 쪽을 집단이기주의라고 관변 언론을 동원해서 찍어 눌렀다. 이제는 그런 게 어렵다. 결정이 늦어지더라도 더 많이 토론하고 더 많이 반영하는 수밖에 없다. 그렇지 않으면 집행단계에서 사회적 비용이 너무 높아져서 결국 총비용만 높아진다. 정부의 카리스마, 대통령의 결단, 이런 과거의 언어는 변화된 현실과 맞지 않는다. 일단 결정된 것에서 밀리면 정권이 밀린다. 힘으로 버티지만 원래 선진국 국민은 그렇게 힘으로 밀리지 않는 사람들이다. 버틸수록 갈등만 높아진다.

교육개혁은 좀 하는 척만 하다가 학부모 등 당사자

들의 반발이 높아지니까 결국 슬쩍 뒤로 미루고, 아무것도 안 하는 걸로 방침을 바꿨다. 빠르고 신속하게 하려고 했지만 욕만 바가지로 먹고, 교육부장관인 김상곤은 정계 은퇴에 가까운 상태가 되었다. 적당히 간 보다가 후다닥 결정해서 밀어붙일 수 없는 일을 그렇게 처리하였다. 슬쩍슬쩍 한다고 해서 될 성격의 일이 아니다.

이런 어려운 정책적 결정이 더 많아지는 게 선진국의 당연한 속성이다. 준비해서 완벽한 안을 만드는 게 개도국 행정의 특징이라면, 더 많이 대화하고 더 공개적으로 하나씩 결정해나가는 게 선진국 행정의 특징이다. 군대식 행정으로 통할 일이 아니다.

대중문화 속에서 정책이나 경제는 아주 인기 없는 분야다. 아주 어렵고 딱딱하다. 아니면 일방적인 국정홍보라서 역겹던지…… 시장에서 경쟁에서 살아남기 힘든 아이템이다. 그렇다고 2008년 글로벌 금융위기로 문을 닫은 리먼 브라더스를 다뤄서 2011년 83회 미국 아카데미 시상식에서 장편 다큐멘터리상을 수상한 영화 〈인사이드 잡〉이나 미국의 건강보험 문제를 다루어 세계적인 열풍을 일으킨 〈식코Sicko〉 같은 경제 다큐멘터리가 한국에서 만들어지는 것도 아니다. 평소에 정책에 대한 이해를 높이기 위해서 우리가 할 수 있는 일이 뭐가 있을까?

〈PD 수첩〉의 최승호가 해직된 후 MBC 사장으로 복귀하였다. 그에게 많은 것을 기대했던 기자들이 경제 방송을 정식으로 론칭하기 위해 파일럿 방송을 만들었다. 사장인 최승호는 경영난을 들어 신규 방송을 허락하지 않았다. 뭐, 이런 인간이 다 있나, 욕이 입 밖으로 나오려고 했지만 높은 자리에 가서 돌아선 민주투사가 어디 그 한 명 뿐이겠더냐. 찾아가서 뭐라고 한마디 해주고 싶은 것을 꾹 참았다.

지금도 교양과 관련된 많은 방송들은 방송통신위원회를 통한 정부지원금으로 제작된다. 꼭 KBS나 MBC 같은 사장에게 정부에서 압력을 넣어 '이런 방송을 해라' '저런 방송은 하지 마라'라는 것은 과거 방식이다. 사회적으로 꼭 필요하다고 판단되면 정부지원금 예산을 필요한 만큼 늘리고 국민적 교양의 차원에서 선진국이나 우리나라 국내의 정책 성공 사례나 잘못된 사례 등 다양한 방식으로 제작 여건을 만들어주면 된다. 국정홍보 방송이라면 현장에서 질색하지만 심도 있는 경제 방송이나 다양한 정책의 해외 사례라면 대환영이다. 예산이 없고 광고 협찬 받기가 어려워서 못 만들지, 수준 있는 경제 다큐를 현장에서 만들고 싶어 하지 않는 것은 아니다. 이렇게 적극적으로 노력하지 않으면 많은 경제 선진국들이 정책에 대해 논의하는 것 같은 공론장을 확보하기가 어렵다. 주요 선거가 있으면 공중파를 비롯해 많은 방송들이 채널을 연다. 일종의 정치 기반에 대한 투자 같은 의미다. 그런 선거에서 중요한 기준이 되는 정책을 널리 알리고, 방향성에 대해 시민들이 다양한 의견을 표출할 수 있는 방송 역시 공정한 선거를 위한 문화 인프라로 이해할 수 있다.

프랑스 등 유럽에서는 TV 토론에 장관도 나오고 대통령도 나온다. 거기도 유튜브 등 개인방송이 많아지다 보니 자신들의 입장을 공적으로 밝히기 위해서 더 자주 나오는 경향이 생겼다. 장관도 나오는데, 다른 사람들이 나오지 못할 이유가 없다. 우리나라에서는 정책 엄숙주의가 너무 강해서 청와대 정책실장이나 경제수석 같은 사람들을 방송에서 보기 어렵고, 국회 대정부질의 같은 때에 마지못해 나온다. 그럴 필요가 있나 싶다. 정책의 마지막 보루로서 갖는 사명감은 알겠지만, 대중참여 시대에 꼭꼭 숨어서 정치인들끼리 대리 논쟁하는 건 이제는 아니다 싶다. 보수정권이야 몰래 하고, 숨어서 하는 전통이 있어서 그렇다지만 진보정권에서도 그럴 필요가 있을까? 창피도 좀 당하고, 놀림도 좀 당하고, 그러면서 대중들과의 논의 속으로 들어가는 거다. 정치 코미디가 발달한 그런 나라에서는 기뇰guignol이라고 끈을 사용하지 않고 직접 손가락으로 인형을 조종하는 인형극에 매일매일 대통령을 비롯한 사람들의 우스꽝스러운 모습이 나온다. 대통령도 나오고, 극우파 지도자도 나오고, 축구 선수도 나온다. 국가의 전체적인 정책 방향을 결정하고 조율하는 사람들이 인기가 없어서 초청받지 못하면 몰라도 방송 토론에서 나와 달라는 데에도 "전례가 없다"고 거절하는 건 많이 이상하다. 관례와 전통이라는 편안함에 숨어서 이 나라의 정책이 무관심과 외면으로 빠져드는 상황을 즐기는 것이 아닌가, 그런 공연한 의심을 가질 때도 있다. 정책 라인이 TV 교양 방송이나 토론 방송에 나오는 게 맞고, 신문 정치면과 경제면에 나오는 게 맞다. 신비주의 속에 숨어 지내다가 결국은 부동산 스캔들로 사회면에 나오는 현실, 돌아삐리!

미국처럼 대통령이 틈틈이 망신을 당하면서도 일일 브리핑에 나오는 정도까지는 바라지도 않는다. CNN에는 뉴스밸류가 있는 사람들은 연방준비제도이사회 의장까지도 바로바로 나온다. 너무 상업적 방송이라고 욕하면서도 그 섭외력에 감탄할 수밖에 없다. 다음 정권은 누가 대통령이 되건 〈100분 토론〉에 대통령과 야당 대표들이 "몇 번 카메라가 내 카메라야?" 이렇게 시청자들의 관심을 사기 위해 앉아 있는 모습을 보고 싶다. 그리고 창피도 당하고 굴욕감을 느끼더라도 주요 정책 라인들이 재벌 총수들과 앉아서 방담도 하고, 설전도 벌이는 모습을 보고 싶다. 뒤에서 사면과 관련된 정보를 슬슬 흘리고, 은근 고민하는 척하는 칙칙한 세상보다는 국민들이 다 보는 데에서 회사의 어려움과 정책적 대안 같은 이야기를 같이 논하는 것을 보고 싶다. 그런 게 세상이 좋아지는 것이고, 나라가 선진국이 되어가는 길이다. 맨날 밀실에서 하던 이야기와 논의를 정정당당하게 꺼내놓을 수 있는 세상, 그게 '정책 민주주의'가 만들어낼 다음 세상이다. 천천히 가도 멀리 가는 길은 당위적 표현이지만 '재밌게' 멀리 가는 길은 모두가 반길 수 있는 길이다. 그게 돈이 더 드는 일도 아니다. 다만 몇 사람이 처음 몇 번의 어색함과 창피함만 참으면 된다.

지금 회자되는 대선 후보 가운데 대통령이 되면 TV 토론에 나오지 않을 것 같은 사람이 누가 있을까? 윤석열도 나올 것 같고, 홍준표도 나올 것 같다. 대통령만 시켜줘, 뭐든 할게, 그럴 분위기다. 왜 정책은 TV 쇼가 될 수 없단 말인가? 박용진이 안 나오겠는가, 김두관이 안 나오겠는가? 이재명, 자기 월급 털어서라도 기꺼이 제작비 댈 사람이다. 못할 이유가 뭐가 있나?

6

다크는 확실,
그러나 히어로도?

문재인 정권 말기에 정세균과 지난 시간을 되돌아 보면 만감이 교차한다. 그는 나를 어떻게 생각했는지 몰라도 동료라는 생각보다는 윗사람이라는 생각이 더 강했다. 2012년 대선 때 조국이 이렇게 말했다.

– 우 박사, 우리가 지더라도 최대한 격차를 줄여야 해. 그래야 다음에 버틸 수 있을 거 아냐.

선거 초반, 박근혜와 차이가 너무 벌어졌었다. 그래도 격차를 많이 줄이면서 그 선거에서 졌다. 그리고 다시 그를 만났을 때에는 그가 다음번 선거에서 질 거라는 생각은 한 번도 해본 적이 없었다. 그렇지만 그가 대통령으로서 잘할 수 있을지에 대한 확신은 없었다. 그래서 좀더 준비해야 한다는 생각이 강했고, 아직 40대였던 나의 모든 정열을 총동원해서 한국에서 할 수 있는 가장 최고 수준의 강의를 들을 수 있게 해주고 싶었다.

같은 기준을 이재명에게 사용해보자. 현재로서는 여당 후보 중에서는 대통령에 가장 가까이 가 있는 사람이다. 확률적으로도 가장 높다. 그는 대통령이 되면 잘할 수 있을까? 두 가지 점에서 의문이 남는다. 본인이 너무 잘났다. 정말 맨손으로 그 위치까지 올라간 것은 그가 잘났다는 말 외에는 이견을 달기가 어렵다. 정책에 대한 이해도도 높고, 문제 해결 능력도 최상급이다. 대중교통 분야에서 같이 일해본 적이 있고, 풀뿌리 민주주의 차원에서의 지방자치에 대해서도 꽤 오래 토론한 적이 있다. 너무 잘난 사람이 흔히 갖게 되는 문제가 누군가의 얘기를 경청하는 데 약점이 있다. 이건 극복이 가능한 약점이기는 한데, 누군가 옆에 붙어서 정말 지겨울 정도로 잔소리를 해줘야 한다. 그런 친구가 이재명 근처에 있는지는 모르겠다. 잘 모르는 사람이 보기에는 안정감이 없다고 보일 수도 있다. 이재명과 문재인 공통의 장점이 한 가지 있다면, 똑똑한 사람이 옆에 있는 걸 좋아하는 스타일이다. 돌아가신 분에게는 매우 미안한 얘기지만 박원순 시장은 똑똑한 사람이 옆에서 싫은 소리하는 것을 별로 좋아하지는 않았던 것 같다. 그의 많은 성공들이 스스로를 자신만의 공간에 가둔 것은 아닌가 싶어서 그를 회상하면 가끔 슬퍼진다.

MB, 박근혜, 문재인, 이 세 명의 대통령은 대선 지지율에서 초반부터 앞서갔고, 한 번도 역전을 허용하지 않고 당선까지 그 페이스로 달렸다. 이제 한국은 경제적으로 안정되면서 이변이 잘 발생하지 않는 나라가 되었다. 이낙연은 압도적인 선두를 달리다가 역전을 허용하였다. 그는 원치 않는 표현이겠지만, DJ 시절에 국가 모토로 만들어낸 '다이내믹 코리아'가 여전히 한국을 표현하는 것임을 그가 보여준다. 당선 기준으로도 절반, 대통령이 되면 잘 할 것이라는 기준으로 절반, 그렇게 느꼈다. 매우 안정감이 있지만, 그 안정감이 가능성으로 폭발할 것 같은 설렘을 엄청나게 주지는 않는다. 그를 보면 정동영이 생각난다. 정동영은 개성이 가득했던 사람이다. 오랜 기간 그를 보았지만, 아직도 그를 만나면 TV에서 만났던 그 느낌이 든다. 실제로 만나면 이낙연 역시 아주 세련된 화법과 잘 정돈된 실루엣이 TV를 보고 있는 듯한 느낌을 준다. 매우 무난하고 매력도 가득하다. 안정감이라는 면에서는 정동영보다는 높다. 그러나 설렘 역시 적다.

아직은 군소후보로 분류되는 박용진은 민주노동당 시절부터 알고 지냈다. 싸움닭 같은 매력이 있다. 젊은 정치인들 가운데 저격수 역할을 하는 사람들이 많아서 가끔 슬픈 생각이 들고는 한다. 홍준표도 한때 노무현의 저격수였다. 박용진은 정치적인 저격수 역할 대신 재벌이나 한국유치원총연합회 같은 기득권의 저격수 역할을 한 드문 경력을 가지고 있다. 그렇지만 '가능성은 제로는 아닌', 이 정도가 그가 대통령이 될 가능성일 것이다. 대통령이 되면 잘할까? 그는 너무 소수고, 주변에도 사람이 너무 없다. 오바마가 힐러리 클린턴을 제치고 민주당 대선 후보가 된 게 46세였다. 그에게는 매케인과 붙었던 본선보다 클린턴을 꺾었던 내부 경선이 더 큰 허들이었다. 아마 미국이었으면 박용진에게 좀 더 많은 기회가 있었겠지만, 한국은 노무현 이후로 이변을 크게 원하지 않는 사회가 된 것 같다. 박용진은 한동안 가능성이라는 벽을 깨고 나오기 쉽지 않을 것 같다. 박용진, 김세연과 대담집을 낸 이후로 그의 정책에 조금씩 도움을 주고 있다.

정세균의 경우는? 그는 여러모로 후보 시절 문재인과는 정반대의 캐릭터다. 대통령이 될 가능성은 높아 보이지 않지만 되면 가장 잘할 것 같은 사람이다. 그와 정책적으로 모든 면에서 같은 의견을 가지고 있는 것은 아니다. 그렇지만 그가 내리는 많은 결정은 이유가 있고, 과정이 있다. 그래서 그의 결정이 가진 현실성을 인정하게 된다. 박용진이 한국 사회 외곽에서 잽을 날리는 아웃사이더 복서라면, 그는 한국 사회 안에서 싸우는 인파이터 스타일이다. 정책을 주로 다루었던 사람 중에서는 한국에서 가장 높이 올라간 사람이다. 그가 대통령이 되면 통합과 혁신이라는, 누구나 얘기하는 그 변화를 이끌어낼 가능성이 가장 높다. 그렇지만 그런 인파이터 스타일이 그의 약점이기도 하다. 그가 일하는 것을 사람들이 잘 보기 어렵고, 그렇게 다들 보도록 일하는 스타일도 아니다.

그럼에도 불구하고 그가 대통령이 될 가능성이 아주 없지는 않다고 여전히 생각하는 것은, 그가 선거에 임하면 정말로 '다크 히어로'로 돌변하기 때문이다. 이유를 잘 설명하기는 어렵다. 2012년 총선에서 민주당에는 정권교체를 위한 혁신의 바람이 강하게 불었다. 전북에서 내리 4선을 했던 정세균에게는 불출마 압박이 강했다. 그의 일생일대의 베팅은 그 순간이었는데, 홍사덕이라는 거물이 버티고 있는 서울 종로로 옮겼다. 요즘 용어대로 하면 험지 출마다. 그렇게 힘들게 5선 의원이 된 후, 종로에서 가장 사랑받는 정치인이 되었다. 그 기반으로 결국 오세훈을 꺾었고, 그걸 이어받은 이낙연이 황교안을 완패시키게 되었다. 오세훈이 황교안보다 한 수 위인 것은 오세훈은 종로 패배 이후 다시 살아났지만, 황교안은 살아날 가능성이 그렇게 높아 보이지 않는다. 오세훈이 인물은 인물이다.

정치인 중에서는 성을 공격하는 공성攻城에 능한 사람이 많다. 가끔 국회의원 중에서는 '일 잘하는', 이 표현을 쓰기 좋아하는 사람들이 있다. 국회의원이 된 사람들

은 모두 일을 잘한다. 정치든 정치가 아니든, 자기 자리
에서는 최고가 된 사람들이 모여서 벌이는 이종격투기
가 정치다. 대선 후보쯤 되는 사람들은 박근혜 같은 황당
한 경우를 제외하면 일은 다 잘한다. 그러니까 거기까지
가게 된다. 전두환의 친구 정도로만 사람들이 여겼던 노
태우도 일은 기가 막히게 잘했다. 다른 분야도 유사하지
만, 특히 외교 분야에서는 노태우만큼 족적을 남긴 사람
을 찾아보기 어렵다. 노태우는 공성에는 약했을지 모르
지만, 성을 지키는 수성守城은 잘한 사람이다. 2기 신도
시, 3기 신도시, 한국 정치는 여전히 노태우가 했던 일산
과 분당의 1기 신도시를 중요한 출발점으로 삼는다.

　　정세균은 수성을 잘하는 사람이다. 성을 지키는 수
성의 시대에는 엔지니어링 기술이 필요하고, 자원을 확
보하는 보급이 중요하고, 원활한 운송을 위한 로지스틱③
이 필요하다. 성을 공격하는 공성과는 다른 기술이 필요
하다. 대통령 선거가 어려운 것은 수성을 잘할 사람을 공
성의 시기에 선택해야 하는 일이기 때문이다. 수성을 잘
하는 사람 중에서 정세균은 공성에도 가장 능하다. 종로
에 온 다음에야 그가 가진 능력을 충분히 펼칠 수 있었지

③
로지스틱(logistic). 군사 작전을 수행하는 데 필요한 장비와 물자의 수량,
생산, 보급을 관리하는 활동. 최근에는 기업 경영에 도입되면서 소비자가
필요로 하는 상품을 관리하고 보급하는 모든 활동을 말한다.

만, 그가 누구인지 아직 모르는 종로 사람들에게 어떻게 자신을 알리고 표를 받을 수 있었을까?

- 에이, 홍사덕한테 지지는 않지.

생각보다 정세균은 다크하다. 당시 야당으로서는 연전연패를 하는 종로에 출마한 것이 나름 계산이 있었다는 것이 그의 설명인데, 나는 그 말이 곧이들리지는 않았다. 오세훈을 꺾을 때에는 그의 주변에서는 이제는 정말로 정계를 은퇴해야 한다고 했는데 "이긴다"고 하는 얘기를 나 말고는 아무도 안 믿었다. 그 힘으로 그는 국회의장을 하고, 총리를 했다. 국회의장과 총리를 다 한 사람은 한국은행 출신의 재무부 장관으로 박정희가 믿었던 백두진, 그리고 군인 정일권이 있었다. 그렇지만 국회의장으로 더 서열이 낮은 총리를 한 사람은 정세균이 유일하다. 생각보다 그가 '다크'하다는 것에는 설명이 필요 없을 것 같다.

그가 정말로 '다크 히어로'가 되어 우리 시대의 문제를 해결할지, 아니면 노욕에 절제를 잃은 그냥 다크한 인간으로 남을지, 아직은 모른다. 대통령이 되면 정말 잘할 것 같은데 아직은 잘 모르겠다, 그런 상태다. 홍사덕과 붙기 전의 긴장 혹은 오세훈과 붙기 전의 혼돈, 이런 과거의 일과는 비교도 되지 않는 큰 판에 섰다. 내가 그를 도와줄 수 있는 것은 몇 년 동안 친구로 지냈던 정세균의 잘 알려지지 않은 다크 이면의 정책 라인의 수장으로서의 모습을 드러내 보여주는 것 정도다.

혹시라도 그가 진짜로 대통령이 되면 국회의장이나 총리 시절에 가끔 밥 먹고 차 한잔했던 것처럼 그렇게 보기는 어려울 것 같다. 아마 문재인 때 그랬던 것처럼 다시 전화번호를 지우지 않을까 싶다. 그때 하게 될 것 같은 잔소리들을 이 책에 정리해두었다. 정세균 들으라고 한 얘기지만, 어쩌면 그 잔소리들이 다른 사람에게도 도움이 될 것 같기는 하다.

안 되면? 그럼 정말로 미루어둔 해외여행을 같이 떠나게 될 것 같다. 어디로 갈지도 생각해두었다.

사람의 스토리를 모은다고 해서
시스템의 스토리가 되지는 않는다.
정책을 잘 설계하고 잘 구현할 사람이
장관이 되거나 담당관이 되어야지,
좋은 스토리를 가진 사람들로 채운다고 해서
정권의 스토리가 되지는 않는다.
사람들은 한 분야에서 잘 알려지지 않은 사람의
과거 스토리에는 관심 없다.
그보다는 정권이 국민들 앞에서
새롭게 만들 스토리에 관심 있다.
과거의 스토리를 맞이하려다가
현재의 스토리를 망친 것이
문재인 정권 인사의 새드 엔딩이다.

정세균은 한국 사회 안에서 싸우는
인파이터 스타일이다.
정책을 주로 다루었던 사람 중에서는
한국에서 가장 높이 올라간 사람이다.
정세균이 대통령이 되면
통합과 혁신이라는, 누구나 얘기하는 변화를
이끌어낼 가능성이 가장 높다.
그가 대통령이 될 가능성이
아주 없지는 않다고 여전히 생각하는 것은,
그가 선거에 임하면 정말로 '다크 히어로'로
돌변하기 때문이다.

나가는 말

1.

이 책은 39번째 책이다. 원래는 농업경제학이 먼저 나올 것이었는데, 코로나 직후 출간이 밀렸다. 그리고 바뀐 상황을 반영하기 위해서 새로 쓰기로 하면서 이 책이 39번이 되었다. 2005년에 처음 책을 내고 데뷔한 이후로 이 책이 가장 고심이 많았고, 가장 쓰기 어려웠던 책으로 기억에 남을 것 같다. 원래는 몇 년 뒤에 낼 생각이었는데 순서를 조정하게 되었다. 잊고 지내던 시절의 기억을 다시 꺼내고, 정말로 기억 속에서도 지워버린 무의식 어딘가를 헤매는 것은 편안한 일은 아니었다. 20대 때 한 번 있었던 이명이 생겨났다.

정치인의 책을 쓴다고 하면 다들 말린다. 이번에도 반대가 많았다. 내가 정치인, 아니 사람에 대한 글을 쓰는 이유는 나의 로망 때문이다. 이승만에 대해서 쓰겠다는 계획을 세운 것도, 언젠가는 이완용 평전을 써보고 싶다는 생각이 있기 때문이다. 악인을 악인이라고 하는 건 쉽지만 악인의 탄생과 기원에 대한 이야기를 진지하게 해보고 싶었다. 박근혜 시절, 그런 생각이 더 많이 들었다. 이완용은 나쁘기는 했지만, 그렇게 무능한 사람은 아니다. 아주 무능한 사람들이 나라를 통치하는 걸 보면서 이완용에 대한 생각이 많이 들었다. 그는 사악할지는 몰라도 바보는 아니었다. '근면 성실한 악', 그런 이야기와 함께 조선총독부 시절에 생겨난 우리의 슬픔, 이런 걸 한국 자본주의의 전사前史로서 다루어보고 싶은 로망이 있다. 한때 경제사를 공부하고 싶었던 경제학도의 가슴에 남은 로망이다.

이 책을 쓰면서 나의 소망은 아주 작았다. 단 한 권이라도 이 책을 사주는 독자가 있었으면 좋겠다, 그런 소망을 가졌다. 정세균 쪽에서는 원고료를 얘기했지만, 내가 원고료를 받고 책을 쓸 수는 없는 노릇이다. 그럴 거면 대필작가에게 부탁하고 그냥 이름만 올리는 편이 낫다. 나는 그렇게 살지는 않았다. 그래도 한 명의 독자라도, 뭐라도 좀 참고가 되거나 상황을 이해할 수 있도록 정말 최선을 다했다. 그 얘기를 출판사 대표에게 말했더니, 웃었다.

과연 나는 순수한 독자에게 단 한 권이라도 이 책을 팔 수 있을까? 누군가 서점에서 무심코 이 책을 집어들 수 있을까? 그 한순간을 위해서 지금 준비 중인 책『좌파에세이』에 쓸 내용의 상당 부분을 아낌없이 털어 넣었다. 저자로서 나는 내 책이 조금이라도 더 풍부한 내용을 가지기 위해서 최선을 다하면서 살아왔다. 지금도 그렇다.

2.

일본 민주당 정권이 끝나고 일본 민주당을 방문한 적이 있었다. 일본을 지배하는 자민당사에서 그렇게 멀지 않았다. 민주당 국제협력국의 도움을 받아서 일본 민주당의 정책부장을 만났다. 일본에서는 부장이 아주 높다. 그는 민주당 집권 시에는 자기가 민주당 정책위원회 총괄을 했기 때문에 장관급이었다고 말했다. 한때 일본 빈민운동의 간판스타였던 유아사 마코토도 다시 만났다. 일본의 빈민운동의 영웅이었던 그가 민주당 집권기에 총리실에서 활동했던 것은 다큐멘터리로 만들어졌다. 그 다큐의 마지막은 일본 총리실의 관료주의에 지친 그가 다시 핸드마이크를 들고 거리에서 대중집회를 이끄는 장면이었다. 잠깐의 민주당 정부의 기억만을 남기고, 일본 민주당은 후쿠시마 사태와 함께 역사에서 사라졌다. 정책적 실패로 쌓였던 불만이 후쿠시마 대책이 제대로 나오지 않자, 민주당에 쏠렸던 인기는 삽시간에 사라지고 자민당 아베 내각이 집권했다. 민주당을 집권시킨 거대 정치인 오자와는 후쿠시마 앞에서 무기력해 보였다.

일본에는 정당에서 정책을 연구하는 데 정책보조금이 없다. 국회 내의 각종 위원회들이 있는데, 정책은 그렇게 위원회별로 만들어진다. 그 위원회 위원장마다 다 하나의 계파라는 게 민주당 정책부장이 나에게 해준 설명이다. 위원장이 영향력이 있으면 그쪽 정책으로 돈과 사람들이 모이는데, 그게 공적이거나 집단적으로 움직이는 게 아니라 계파 형식으로 움직인다. '토건족'과 같은 우리나라에서도 유명해진 일본의 정책별 계파정치가 그렇게 생겨났다. DJ 이후로 여당이든 야당이든, 국회의원 비율에 따라 정책을 연구하기 위한 정책보조금이 나간다. 정의당에도 그렇게 운영되는 정의정책연구소가 있다. 일본과 비교하면 이 제도는 야당에게 훨씬 유리한 제도다. 일본은 정책 개발을 위한 돈과 인력이 여당인 자민당에게 집중되니까, 야당이 어지간해서는 정책으로 승기를 잡기 어렵다.

물론 민주연구원을 비롯해서 정당에 있는 정책연구소들은 맨날 욕을 먹는다. 연구 수준이 떨어지거나 너무 정치적으로 편향되어 있다고 엄청 욕을 먹는다. 국책연구원에 비하면 월급 수준이 떨어져서 좋은 사람을 확보하기가 쉽지 않다. 그래도 예전보다는 많이 나아진 게 세종시로 간 KDI(한국개발연구원) 등 많은 국책연구원들이 지방으로 내려가다 보니까 여의도 한가운데에 있는 정당 연구원에 대한 선호도가 조금은 올라갔다. 이런 힘들을 모아서 민주당은 두 번의 보수정권 뒤에 다시 집권할 수 있었다. 정주영이 "박사는 돈 주고 고용하면 된다"고 말했다. 그럴지도 모른다. 정책은 있는 척만 하면 된다고 생각하는 정치인들이 아주 많다. '있는 척'도 못했던 게 자민당에게 정권을 다시 뺏긴 일본 민주당이었다.

우리는 아베 정권을 욕하고, 일본의 넷우익을 비롯한 극우에 대해서 욕한다. 일본에도 그런 사람들만 있는 것은 아니다. 우리나라 시민단체와 교류하는 일본 시민사회도 있고, 아베 정권의 평화헌법 개정 시도에 대해서 반대하는 일본의 야당 정치세력도 있다. 가끔 언론에서 일본의 '양심세력'이라고 표현하는데, 그 사람들과 우리는 제대로 소통하고 교류하고 있을까?

그들과 교류하고 연대하는 게 내가 가진 작은 꿈 중 하나다. 동북아 지역 국가인 한중일의 궁극적 목표는 평화다. 서로 대립하고 갈등하는 과정에서 아베와 같이 평화헌법을 수정해서 전쟁이 가능한 '보통 국가'로 만들려는 세력이 이득을 본다. 외교는 매우 어렵고, 실리적이고, 때로는 분열증적이다. 좋은 얼굴과 나쁜 얼굴이 뒤섞여 있고, 그 안에서 최대한의 실익을 확보하는 게 외교다.

3.

정동영과는 대선이 끝나고 그가 용산 참사 현장을 방문하던 시절부터 알게 되었다. 그는 훨씬 더 진보 쪽으로 오고 싶어 했다. 나는 그에게 일본 히로시마 평화박물관을 방문할 것을 권유하였다. 그는 무섭다고 했다. 전 세계 평화운동의 출발은 '원폭 없는 세상'이고, 원폭 투하 현장에서 살아남은 히로시마 원폭 돔이 상징이 되었다. 우리에게는 그 사건은 광복의 출발이라서 감정이 훨씬 복잡하다. 우리나라의 평화활동가들도 히로시마에 방문한다.

문재인이 당대표에 당선되고 처음 만난 자리에서 히로시마를 얘기했다. 신임 비서실장이던 김현미가 외국 방문은 좀 더 안정되면 천천히 하겠다고 했다. 대통령으로 히로시마를 방문하는 것은 좀 더 복잡한 외교적 문제다. 그러나 야당 지도자로서 그 정도의 평화에 대한 인류 보편의 메시지는 충분히 낼 수 있다고 생각했다.

결국 히로시마 평화공원에 방문한 최초의 한국 정치인은 UN 사무총장인 반기문이 되었다. 내가 당대표에게 히로시마를 얘기한 그다음 해인 2016년 5월에 오바마가 히로시마를 방문했다. 전쟁 당사자인 미국의 국가 원수로서는 첫 방문인데, 오바마 외교의 큰 축의 하나인

'핵 없는 사회'에 대한 메시지 강화의 일환이었다. 진주만 공습의 피해자인 미국에서도 난리가 났고, 심지어 힐러리 클린턴도 우려의 의사를 표명했다. 오바마로서는 평화의 지도자라는 이미지 문제도 있겠지만, 미국으로서는 아시아 질서 재편에 대한 명백한 실익이라는 이유도 있었다.

반기문처럼 UN의 이름을 건 것이 아닌 한국 정치인이 히로시마를 방문하는 것은 보통 일은 아니다. 히로시마는 대구시와 자매결연한 사이라서, 사실 실무적으로는 그렇게 먼 사이는 아니다. 매년 정기적으로 교류 방문하고, 청소년들끼리의 공동 프로그램도 활발하게 진행된다. 그렇지만 일본 정치인이나 우리나, 서로 상대방을 정치적으로 활용한 역사가 깊어서 간단한 결정은 아니다. 국제적으로는 오바마도 갔는데, 우리가 아주 못 갈 것은 아니다.

대통령의 히로시마 방문이 갖는 실익은 명확하다. 일본의 평화헌법 수호자들의 마이크를 키워주는 일이고, 국제평화와 인권이라는 보편적 논리로 야스쿠니 신사참배와는 다른 목소리를 가질 수 있다. 핵에 대한 반대로 후쿠시마 오염수 방출에 대해 좀 더 직접적인 목소리를 낼 수 있는 명분을 가질 수 있다. 그런 흐름의 연장선에서 서해안 쪽에 배치되는 중국의 원자력 발전소의 입지 문제에 대해서도 발언할 명분이 생긴다. 외국의 많은 평화활동가들이 매년 히로시마에 모이는 것은 그게 그들에게도 평화에 대해서 얘기할 명분을 주는 세계 공통의 메시지가 있기 때문이다.

한중일이라는 영역에서, 우리는 일본과 중국과의 관계를 원만하게 풀어나가야 한다. 그것이 우리 경제의 장기적 번영에 도움이 된다. 지금의 불매 국면은 일본 정부도, 한국 정부도 독자적으로 풀어나갈 수 있는 정치적 영역의 바깥에 있다. 누구도 먼저 사과하지 않고, 특별한 조치를 취하지 않는 상황에서 전형적인 치킨게임이 되어 버렸다.

정세균은 이런 복잡한 종류의 고민을 같이 앉아서 얘기할 수 있는 사람이다. 정무 라인이 국정을 총괄하는 시대에는 이렇게 단기적 효과와 장기적 효과가 엇갈리는 문제는 논의 자체가 어렵다. 글로벌 시대라는 얘기를 30년 넘게 했는데, 이미지를 중시하는 정무 라인의 전성시대에 경제 정책만 뒤로 밀린 게 아니라 외교도 맨 뒤로 밀렸다. 나는 한국이 조금은 더 실용적인 방향으로 갔으면 좋겠다.

나의 30대, 나의 친구 노회찬이 대통령이 되는 것을 보고 싶다는 꿈 아닌 꿈이 있었다. 『이상한 나라의 인민노련』이라는 책을 쓰고, 버스에 그 책을 광고해서 노회찬이 자주 말하던 '6411번 버스'에 그의 얼굴을 붙여서 시내를 질주하는 꿈을 꾸었다. 이제는 꿈도 꿀 수 없는 상황이 되었다. 정세균은 TV 토론 방송에서 노회찬을 처음 만났는데, 같은 고려대학교 출신인 건 알았지만, 유달리 노안인 노회찬을 보자마자 선배인 줄 알고 그렇게 인사를 했다. 그렇게 한동안 정세균은 노회찬에게 선배 대접을 했다. 원래 노회찬은 학교 이야기를 좋아하지 않고, 학번 같은 건 안 키운다. '예쁘면서도 괘씸한 사람', 정세균은 노회찬을 그렇게 기억한다. 그렇게 쓰고 싶었던 노회찬 이야기 대신에 정세균 이야기를 쓸 줄은 나도 몰랐다. 노회찬 이후로 내가 정말 많이 변했다. 별로 가능성이 없어 보이는 정세균의 출마를 내가 반대하지 않은 것은 노회찬 생각 때문이다. 하지 못하게 하면, 어쩌면 암에 걸려서 금방 죽어버릴지도 모른다는 생각이 들었다. 뭐, 워낙 낙천적인 성격이라 그럴 일은 없겠지만 말이다.

'내 친구 정세균을 소개합니다'라는 문장 하나로 글을 쓰기 시작한 책이 결국은 잔소리 대잔치로 마무리하게 되었다. 친구는 그냥 묵묵히 받아주는 순간과 잔소리하는 순간이 있다. 이제 이 긴 잔소리를 멈추고 다시 묵묵히 지켜보는 순간으로 돌아가려고 한다. '다크 히어로의 탄생', 그 순간을 보고 싶기는 하다. 아마 지금과는 질적으로 차원이 또 다른 대한민국을 볼 수 있을지도 모르겠다.

다크 히어로의 탄생

- 어느 날 내 인생에 정세균이 들어왔다

초판 1쇄 발행 2021년 7월 7일

지은이 우석훈
펴낸이 정상우
주간 윤동희
디자인 위앤드(정승현)
관리 남영애

펴낸곳 오픈하우스
출판등록 2007년 11월 29일(제13-237호)
주소 서울특별시 마포구 동교로13길 34(121-896)
전화 02-333-3705
팩스 02-333-3745
홈페이지 www.openhousebooks.com
페이스북 facebook.com/opemhouse.kr

ISBN 979-11-88285-94-5 03300